Hermann Pauli
– $\underline{\text{II}}$ 09 –

Magdalena Reiswich

Herbstfrucht

PREMIERE

Magdalena Reiswich

Herbstfrucht

Flucht und Vertreibung – angekommen nach 29 Jahren. Die dramatische Geschichte einer ungewöhnlichen Frau

Aufgeschrieben von
Maria Kreiser

HERDER

FREIBURG · BASEL · WIEN

Dieses Werk wurde vermittelt durch:
Dorothée Engel, Hamburger Buchkontor
www.hamburger-buchkontor.de

Eine amerikanische Ausgabe erschien 2003 unter dem Titel «Though my soul more bent: Memoir of a Soviet German» by Germans from Russia Heritage Society, Bismarck, North Dakota.

Originalausgabe

www.herder.de

Satz: Weiß-Freiburg GmbH – Graphik & Buchgestaltung
Herstellung: CPI Moravia Books, Pohorelice

Gedruckt auf umweltfreundlichem, chlorfrei gebleichtem Papier
Printed in Czech Republic

ISBN 978-3-451-03018-5

Inhalt

I. 1928–1941

Eine Kindheit unter Stalin

Russki pusski Harmonie
Hot a Säckl bis an d'Knie
Hot ins Säckl g'schissa
Hot's den Leit vorg'wiesa.

Wir Kinder aus dem deutschen Dorf München bei Odessa standen am Ufer des breiten Baches, der unser Dorf von dem ukrainischen Dorf auf der anderen Seite trennte, und riefen den ukrainischen Kindern drüben diesen Reim zu. Die wiederum sangen und riefen etwas in ihrer Sprache zurück. Niemand verstand ein Wort, aber wir nahmen Kontakt auf, fingen an, Kieselsteine nach drüben zu werfen. Dabei riefen wir: «Wir sind die Weißen, ihr seid die Roten. Wir können weiter werfen als ihr und besser treffen.» Die «Kriegshandlungen» der gegnerischen Armee sahen ähnlich aus. Wir waren Kinder, und entsprechend handelten wir: kindlich, aber nicht feindselig – auch wenn wir, die Deutschen, glaubten, dem armseligen slawischen Stamm überlegen zu sein – im Hinblick auf unsere Häuser, die Traditionen und den Wohlstand früherer Zeiten. Inzwischen waren wir jedoch genauso abgerissen und verarmt wie sie. Nur im Schutz des Grabens, der uns trennte, wagten wir das Spiel mit den ukrainischen Kindern. Mehr von einander in Erfahrung brachten wir nicht.

1935 kam ich in die Schule, und dass ich damals noch am Leben war, war tatsächlich ein Wunder. Als ich geboren wurde, 1928, hatte Stalin den ersten Fünfjahresplan ausgerufen. Und damit begann die Kollektivierung der Landwirtschaft, das schlimmste Kapitel der sowjetischen Geschichte. Tausende unschuldiger Menschen fielen ihr zum Opfer. Gleichzeitig wurden die Grenzen endgültig geschlossen und ein Verlassen des Landes unmöglich gemacht.

Ich wurde in ein Land hineingeboren, das abgeschlossen war.

Mit der Kollektivierung der Landwirtschaft ging ein regelrechter Klassenkampf gegen die wohlhabenden Bauern einher: Zuerst wurden sie enteignet, dann in den hohen Norden verbannt oder aber noch an Ort und Stelle erschossen. Wie in den Geschichtsbüchern nachzulesen ist, hielt Stalin am 27. Dezember 1929, also ein Jahr nach meiner Geburt, vor Agrarexperten eine Rede, in der er zur «Liquidierung des Kulakentums als Klasse[1]» aufrief. Am 1. Februar 1930 erließ das Zentralkomitee der UdSSR den Beschluss, wonach bei der Beseitigung der Kulaken jedes Mittel recht war. Die wohlhabenden Bauern galten als Repräsentanten der alten Ordnung und waren fortan Ziel der Vernichtung im stalinistischen Klassenkampf: Mehr als eine halbe Million Menschen wurden ermordet, nach westeuropäischen Begriffen mäßig begüterte Mittelbauern, die jedoch zu den tüchtigsten, aufgeschlossensten und modernsten der russischen Bauernschaft gehörten. Mit unvorstellbarer Brutalität ging man gegen sie vor, denn es waren ja alle Mittel erlaubt. Samt ihren Familien wurden sie in den russischen Winter abtransportiert, ohne dass irgendwel-

1 *Kulak, auf Deutsch «Faust». Vermutlich wollte man mit diesem Wort eine der Tugenden der Bauern – die Sparsamkeit – treffen, denn ein sparsamer Bauer hielt das Geld fest in der Faust. Bis heute ist der Begriff als Inbegriff der dem Staat feindlich gegenüberstehenden Bauern erhalten geblieben.*

che Vorbereitungen zur Aufnahme in den neuen Siedlungsgebieten getroffen worden wären. Viele von ihnen wurden als «Agenten der Konterrevolution» sofort liquidiert.

Ich wurde in ein Land hineingeboren, in dem eine Orgie der Vernichtung wütete.

Meine Eltern, Margarete und Johannes Hecker, waren in der dritten Generation Bauern in München bei Odessa in der Ukraine. Die Höfe ihrer Eltern und Großeltern hatten es in den Jahrzehnten vor der Revolution zu einem gewissen Wohlstand gebracht und warfen genug Erträge ab, um Menschen und Tiere zu versorgen. Sie bauten Getreide an und betrieben auch Viehzucht. Das Leben war recht friedlich, der Kontakt zu den benachbarten ukrainischen Bauern spärlich.

Diese Idylle fand jedoch ein jähes Ende, als die vorrevolutionären Unruhen die ganze Region erfassten. In der Folge verloren mein Vater und seine Eltern bereits 1919 in der Zeit des Kriegskommunismus Ackerland, Inventar und Pferde. Während nach der Revolution die Roten gegen die Weißen kämpften, zogen die Kriegsarmeen durch das Land und verwüsteten alles, was ihnen in die Hände fiel. Auch unser Dorf blieb nicht verschont. Neun Jahre vor meiner Geburt erreichten die Bolschewiken unser Dorf München und mein Elternhaus. Sie konfiszierten erst das Land meines Großvaters und stellten ihn dann an die Wand des eigenen Hauses, wo sie ihn erschossen. Dies war die Geschichte, die mein Vater mir erzählte, als ich ihn nach Großvater fragte. Die Geschichte hat mich als Kind stark beschäftigt. Meinen Opa hatte man also vor unserem Haus erschossen. Gleich am nächsten Tag suchte ich die Hausmauer nach Einschusslöchern ab.

Großvater war ein Mittelbauer gewesen, sein Bruder Ludwig dagegen ein reicher Agrarier. Als die Bolschewiken, gefürchtet wegen ihrer brutalen Gewalt, ins Dorf kamen, waren alle Einwohner bereits geflüchtet. Nur mein Großvater und ein Nachbar stellten sich den Eindringlingen. Die Bolschewiken hatten es vor allem auf die Wohlhabenden abgesehen. Und so suchten sie zunächst nach Ludwig Hecker, dem reichen Bruder meines Großvaters. Der war aber längst weg. Die Bolschewiken hielten nun meinen Großvater für Ludwig, und seine Beteuerungen, nur der Bruder zu sein, ignorierten sie. Wahrscheinlich war es ihnen auch egal. Klassenfeind war Klassenfeind, schon der geringste Wohlstand machte verdächtig. Auch deshalb waren ihnen die deutschen Dörfer mit ihren besonders vorbildlichen und gepflegten Höfen ein Dorn im Auge. Als sich die Dorfbewohner schließlich wieder trauten, nach Hause zu gehen, fanden sie alles verwüstet. Hinter unserer Scheune lagen, nur ein wenig mit Erde bedeckt, die Leichen meines Opas und des anderen Mannes, der im Dorf geblieben war. Diese Geschichte fasziniert und erschüttert mich bis heute. In meiner kindlichen Phantasie war Großvater ein Held, einer der wenigen, der den Banditen die Stirn geboten hatte. Manchmal besuchten wir das Grab von Großvater und seiner Frau auf dem Dorffriedhof, und als ich älter war, durfte ich den Grabstein, auf dem das schmucke schmiedeeiserne Kreuz stand, mit Kalk weiß antünchen. Das machte ich gern und war mächtig stolz darauf, wenn der Stein auf dem Grab meiner Großeltern schon von Ferne in blendendem Weiß erstrahlte.

Als Kind hörte ich sehr gern Geschichten und Erzählungen von meinen Eltern. Da wir keine Kinderbücher hatten, bekamen wir Geschichten erzählt. Am liebsten mochte ich die «von früher». So erzählte mein Vater aus seiner Kindheit, einer Zeit lange vor der Revolution, als es im Dorf noch friedlich zuging, und von seinem Großvater. Dieser Großvater, also mein Urgroßvater, kaute immer Tabak und besaß auch noch als Greis ein starkes Gebiss. Er kaute seinen Enkelkindern steinhartes

Brot vor und steckte es ihnen in den Mund. Mein Vater musste bei dieser Erzählung selbst herzhaft darüber lachen, wie gut es ihm aus dem Munde seines Großvaters geschmeckt hatte. Als seine Frau gestorben war, bestellte mein Urgroßvater, nun auch schon alt, gleich zwei Särge. «Ich bin auch bald dran», meinte er. Aber es sollte noch lange dauern, bis es so weit war. Damit er mittags ungestört sein Nickerchen machen konnte, legte er sich in «seinen» Sarg und schlief darin, um sich, wie er sagte, schon einmal an ihn zu gewöhnen. Eines Tages fanden ihn die Kinder so in seinem Sarg schlafend. Nach dem ersten Schreck staunten sie nicht schlecht, als der Großvater sich munter und gut ausgeschlafen aus dem Sarg erhob. «Auch das Sterben will geübt sein», meinte er trocken. Erst Jahre später schlief er friedlich ein. Es waren in der Tat idyllische Zeiten damals und beinahe ein Privileg, in so hohem Alter eines natürlichen Todes zu sterben.

Nachdem die Bolschewiken das Land enteignet hatten, gründeten sie 1919 auch bei uns einen Sowjet und verteilten das gesamte Ackerland an die Armen. Jeder bekam ein Stück Land gleicher Größe (wir sagten damals Kopfland), so auch die Familie meines erschossenen Opas. Nun war es an meinem Vater, damals 18 Jahre alt, seine kranke Mutter und sechs jüngere Geschwister von diesem Stück Land zu ernähren. Mein Vater legte sich mächtig ins Zeug, doch bereits 1920 wurde er in die Rote Armee einberufen. Wenn es auch unter Zwang geschah – er gehörte zu den ersten Rekruten in Lenins Armee, was in der jungen Sowjetunion als sehr ehrenvoll galt. Schweren Herzens verließ mein Vater seine hungrige Geschwisterschar und die hinfällige Mutter, um ganze vier Jahre dort zu dienen. Erst nach seiner Rückkehr im Alter von 24 Jahren konnte er wieder für seine Geschwister sorgen, die inzwischen verwaist und völlig verwahrlost waren. Er heiratete meine Mutter, Margarete Hecker, geb. Metz, und fing noch einmal von vorne an. Er gründete eine eigene Familie und übernahm den Hof und das verbliebene Ackerland. In kurzer Zeit hatte er Erfolg, der Hof erbrachte einen bescheidenen Wohlstand. In dieser Zeit, es war 1925, legte er auch unseren Obstgarten an, mit dem ich wunderschöne Kindheitserinnerungen verbinde. Bis heute steht der Garten für mich als Ort der Frische, Ruhe und heiteren Spiels. Doch diese friedliche Zeit währte nicht lange, sie wurde jäh unterbrochen von einer neuen Welle staatlicher Gewalt.

Meine Mutter lag in den Wehen. Sie erwartete ihr zweites Kind. Wo blieb nur Johannes, ihr Mann, so lange? Er hatte doch versprochen, so schnell wie möglich abends heimzukommen. Aber immer diese Versammlungen. Diesmal ging es um die Kollektivierung. Was wollen sie uns noch alles wegnehmen? Jeden Tag kommen Propagandisten, die uns auffordern, in die Kolchose einzutreten. Hoffentlich lässt Johannes sich heute nicht überreden, für diese Sklaverei zu unterschreiben. Wir müssten alles weggeben und als Tagelöhner auf staatlichem Acker arbeiten. Nein, unser kleines Kind soll nicht als Bettler leben. So dachte meine Mutter, als die Wehen stärker und stärker wurden.

Bis 1930 wurden in der jungen Sowjetunion im Zuge der Entkulakisierung insgesamt 500 000 Menschen deportiert, darunter 50 000 Deutsche. Was war geschehen?

Es war die Zeit der Kollektivierung der Landwirtschaft und der Gründung der Kolchosen. Und um dieses Vorhaben ins Werk zu setzen gab es drei Wege: sofortige Liquidierung, Deportation und schließlich «freiwillige» Mitgliedschaft. Um das «freiwillige» Eintreten der Bauern zu beschleunigen, wurden sie mit sehr hohen Abgaben belegt, die zu begleichen unmöglich war. Die Abgaben waren immer höher veranschlagt als das gesamte bäuerliche Vermögen. Schaffte es dennoch jemand, sie zu bezahlen, wurden ihm sofort neue zusätzliche Steuern aufgebürdet, bis der betreffende Bauer ruiniert war. Das also steckte hinter der «Freiwilligkeit» des Beitritts zur Kolchose, einer Aktion, die so rasant verlief, dass selbst Stalin ob ihres Erfolgs «schwindelig wurde»[2].

Die Vertreibung der wohlhabenden Bauern (und ich möchte unterstreichen, dass es keine Großgrundbesitzer waren) war schon ein Druckmittel für sich, weil Leute wie meine Eltern vor lauter Angst schließlich doch «freiwillig» 1930 in die Kolchose eintraten.

Die deutschen Dörfer waren ganz besonders von dem Terror der Kollektivierung betroffen, denn die Deutschen galten als fleißig und wohlhabend. Ihre Häuser und Höfe waren adrett und gepflegt und das hieß nur allzu oft: Ein deutsches Dorf ist ein «kulakisches» Dorf. Deutsche galten als Kulaken und Kolonisten der gemeinsten Sorte.

Ich erinnere mich noch genau an den Tag im Jahre 1932, als drei Männer von der GPU[3] kamen und alles mitnahmen, was es bei uns zu Hause gab: das gesamte Mobiliar, alles Geschirr, die Kleidung, Hühner und Gänse. Mit einem Brecheisen stachen sie in Wände und Fußböden und suchten nach verstecktem Getreide. Nach Stunden fegten sie das Hühnerfutter auf eine Schaufel und brachten es hinaus. Das Haus war nun völlig leer. Das Einzige, was uns geblieben war, war die Kinderwiege, die unendlich verloren wirkte in den kahlen Zimmern. In der Wiege lagen die Zwillinge, meine kleinen Schwestern Eugenie und Filomena, und schrien gemeinsam gegen die

---

2 *Überschrift zu einem Prawda – Artikel: «Taumel vor lauter Erfolgen» am 2. März 1930.*

3 *GPU – politische Polizei der UdSSR mit weitreichenden Vollmachten. Später wird die Funktion der GPU vom KGB wahrgenommen.*

unheimliche Leere an. Ich höre ihr Schreien bis heute in den Räumen widerhallen, ein gespenstisches Orchestro furioso, das für mich immer noch so klingt wie ein einziger endloser Schrei. Ich glaube, das ist meine erste Kindheitserinnerung. Ich war vier Jahre alt und drückte mich an meinen großen Bruder Anton und die kleine Olga. Ich hatte Angst und weinte. Meine Mutter war verzweifelt. Dann verschwand sie mit den Zwillingen und aus meiner Erinnerung, doch ich weiß noch, dass wir Kinder einige Tage bei Verwandten verbrachten, bis meine Mutter mit den Säuglingen plötzlich wieder auftauchte. Erst später erfuhren wir das ganze Ausmaß des Dramas: Zusammen mit den Zwillingen wurde sie für Tage in den Stall gesperrt. Ein Cousin von mir, der zwei Jahre älter war als ich, erzählte mir Jahre später, dass er mit einem Freund seiner Tante Margarete (also meiner Mutter) auf Geheiß der Eltern heimlich Brot brachte und durch das kaputte Dach in den Stall warf. Diesen Cousin habe ich als einen temperamentvollen Jungen in Erinnerung, immer für einen Streich zu haben. Für ihn war ein Jungenabenteuer, was in Wahrheit lebensgefährlich, weil strengstens verboten war. Damals rettete er meiner Mutter das Leben.

Wie kam es zu dieser Situation, warum wurde noch einmal, und diesmal auch unser gesamtes Resteigentum, konfisziert?

Nachdem unsere Eltern «freiwillig» in die Kolchose eingetreten waren, versuchten sie uns Kinder vor dem sicheren Hungertod zu bewahren, indem sie sich Kleinvieh anschafften. Aber auch aus dieser verbliebenen Privatwirtschaft mussten an den Staat Naturalabgaben in Form von Milch, Fleisch, Eiern und Geld entrichtet werden. Dies jedoch schafften meine Eltern nicht, denn wir waren bereits zu siebt. Und das war der Grund für die restlose Konfiszierung unseres gesamten Eigentums, der Grund, warum meine Mutter eingesperrt wurde.

Mein Vater konnte meiner Mutter nicht zu Hilfe kommen, denn auch er war damals im Gefängnis, verhaftet als Sohn eines Kulaken, der selbst schon als Klassenfeind erschossen worden war. Verhaftungen waren in jener Zeit an der Tagesordnung: Der geringste Widerstand gegen die Kolchose, ein unvorsichtiges Wort, jede leise Kritik konnte einem – und ganz besonders den Männern – das Leben kosten. Mein Vater verbrachte etwa ein halbes Jahr im Gefängnis. Er hatte großes Glück, dass er bald freigelassen wurde. Für ihn sprach, dass er als einer der ersten Rekruten in Lenins Armee gedient hatte. Außerdem hatte er bei den Behörden einen jüdischen Freund, der sich für ihn einsetzte.

In dieser Zeit wurde der freie Getreidehandel abgeschafft, um die zur Versorgung nötige, aber nicht erreichte Getreidemenge zu beschaffen. Das Zurückhalten von Getreide wurde unter Strafe gestellt, es drohte bis zu einem Jahr Gefängnis bei gleichzeitiger völliger Konfiszierung des Eigentums. Deshalb stachen die Männer der GPU mit dem Brecheisen in die Wände unseres Hauses und suchten nach verstecktem Getreide. Es gab wirklich Menschen, die Lebensmittel eingegraben hatten, um nicht Hungers zu sterben. Auch meine Eltern hatten schon daran gedacht, verwarfen den Plan aber wieder, da es viel zu gefährlich war.

Zuhause waren wir fünf Kinder: mein großer Bruder Anton, der zwei Jahre älter war als ich, meine kleine Schwester Olga, die zwei Jahre nach mir kam, und die beiden 1932 geborenen Zwillinge. Für die Arbeit in der Kolchose bekamen meine Eltern kein Geld, nur die Arbeitstage wurden angerechnet. Im Spätherbst, wenn die Ernte eingefahren wurde, wurde zunächst soviel Getreide abgeliefert, wie der Fünfjahresplan es vorschrieb – meistens fast alles. Der Rest wurde auf die Kolchosarbeiter je nach der Anzahl der geleisteten Arbeitstage aufgeteilt. Das aber war zum Überleben viel zu wenig. Es reichte hinten und vorne nicht. Von der Ernte jedoch sahen die Kolchosarbeiter und ihre Familien absolut nichts. Diebstahl wurde mit Gefängnis geahndet. Hinzu kam die Missernte von 1931: Trotz der großen Hungersnot in diesem Jahr exportierte die Sowjetregierung mehr als 1,3 Millionen Tonnen Getreide ins Ausland, denn sie brauchte dringend Devisen für die Industrialisierung des Landes. Die Hungersnot war also vor allem politisch verursacht. Auf dem Lande starben die Bauern, der Klassenfeind. Kein Grund, Maßnahmen zu ergreifen, im Gegenteil. So waren die Kolchosarbeiter, die verbliebenen Lebensmittelproduzenten des Landes, dem Hungertod preisgegeben.

Hungersnot

Auch unsere Familie wurde damals nicht verschont. Als die Zwillinge Eugenie und Filomena sechs Monate alt waren, starben sie. Medikamente gab es nicht und medizinische Versorgung erst recht nicht. Die Milch meiner Mutter reichte nicht aus, um die Kinder zu ernähren. Meine Eltern hatten versucht, den Durchfall und das Erbrechen der Zwillinge mit Hausmitteln zu bekämpfen. Nichts half. Die Babys wurden von Krämpfen geschüttelt, ein schrecklicher Anblick. Zuerst starb das eine und wenige Tage später das andere Mädchen. Der Tod der kleinen Geschwister ging uns sehr nahe. Wir beteten viel für sie. Dann haben wir sie beerdigt. Wir waren nicht die einzigen, alle Familien hatten Tote zu beklagen. Alle waren kraftlos und geschwächt. Menschen starben in großer Zahl, der Tod war alltäglich geworden. Meine Eltern jedoch waren untröstlich. Nie habe ich meinen Vater so weinen sehen.

Es stand fest, dass meine Eltern ihre Kinder von der Arbeit in der Kolchose nicht ernähren konnten. Daher beschloss mein Vater, zum Straßenbau zu gehen. Als Arbeiter konnte er dort Bargeld verdienen. Und so blieben wir allein mit unserer Mutter zurück, die aber den ganzen Tag in der Kolchose arbeitete. Für ihre Arbeit bekamen die Kolchosarbeiter jeden Tag ein Mittagessen, sofern sie die Norm erfüllten. Für uns Kinder gab es dagegen nichts, wie es auch für alte Menschen oder für Hausfrauen nichts gab. Und mit nichts meine ich wirklich nichts – weder Geld noch Essen.

Ich erinnere mich an einen Frühlingstag 1933. Anton, Olga und ich saßen in der ersten warmen Sonne vor dem Haus auf der dreibeinigen Bank. Diese Bank im Hof hatte man uns nach der Konfiszierung gelassen, vielleicht, weil sie nur noch drei Beine hatte und mein Vater anstelle des vierten ein paar Steine unter die Bank gelegt hatte, so dass wir auf ihr sitzen konnten. Wir alle hatten einen dicken Bauch, aber nicht weil wir zu viel gegessen hatten, sondern vor Hunger. Wir waren so ausgezehrt, dass uns die Kraft fehlte, die Fliegen auf unseren Gesichtern zu verscheuchen. Wenn ich heute im Fernsehen Bilder von Hungernden in Entwicklungsländern sehe, dann fällt mir auch meine eigene Kindheit ein. Unser Onkel Stephan kam zu uns in den Hof und sagte zu meiner Mutter: «Margarete, so wie die drei da sitzen, werden sie wohl in diesem Jahr den Kuckuck nicht mehr schreien hören.» «Ach, Stephan, das weiß man nicht», entgegnete meine Mutter. «Es wird ja Frühling, die jungen Möhrchen sind schon reif. Bald wird es auch Obst im Garten geben.» Dieses Gespräch hat sich mir eingeprägt, die Erwachsenen rechneten bereits mit unserem Tod. Doch meine Mutter gab uns nicht auf. Sie ermunterte uns, in den Garten zu gehen und Möhren zu holen. Ich unternahm einen schwachen Versuch aufzustehen, konnte aber nicht mehr laufen. Weil wir so kraftlos waren, brachte uns die Mutter frisch geerntete und abgewaschene Möhren.

Im Jahr 1933 starben in der Sowjetunion Millionen den Hungertod. Jeden Tag fanden Beerdigungen statt. Besonders hoch war die Sterblichkeit unter den Kindern und Säuglingen. Trotz der Allgegenwart des Todes stumpften die Menschen nicht ab. Meine Tante brachte ein totes Baby zur Welt. Sie und ihr Mann waren die einzigen, die um das kleine Wesen trauerten. Ihre Trauer war rührend. Sie kleideten das Neugeborene in ein weißes Tuch und betteten es liebevoll in den kleinsten Sarg, den ich je gesehen habe. Dann bahrten sie es in der Stube auf und beteten. Wir Kinder gingen zu ihnen und stellten uns ebenfalls vor den Sarg. Das Baby war so etwas wie eine tote Puppe für mich. Ich konnte meinen Blick nicht von ihm wenden. Wir waren davon überzeugt, dass es ein kleiner Engel war, und konnten nicht aufhören, es anzugucken. Auch wir beteten für das Kind und waren sicher, dass sich seine Seele bereits im Himmel befand.

Auf dem Friedhof gab es kaum noch Platz für neue Gräber. Auch bot er einen trostlosen Anblick, denn auf den einst hübsch gepflegten Gräbern wucherte jetzt das Unkraut. Waren früher kunstvoll geschmiedete, eiserne Kreuze zu sehen, war jetzt alles verwüstet. Namen und Geburts- und Todesdaten waren nämlich aus bleiernen Buchstaben, die allesamt gestohlen worden waren. Hungernde hatten aus dem Blei Kugeln für die Schrotflinten gegossen, um damit Hasen und Fasanen zu schießen. Die Not war erbärmlich. Selbst die Namen der Toten wurden getilgt.

Im Frühling, etwas zu Kräften gekommen, gingen wir Kinder jeden Mittag hinaus aufs Feld zu unserer Mutter. Wir konnten uns sehr gut nach dem Stand der Sonne richten und wussten ziemlich genau, wann es Mittag war, auch ohne Uhr. Mittags bekam unsere Mutter eine Dampfnudel. Wir stürzten uns auf diese duftende Mahlzeit mit dem Heißhunger von Verhungernden, und noch heute habe ich diesen Duft in der Nase, wenn ich daran denke. Nie hat mir etwas besser geschmeckt. Der Aufpasser der Kolchose schimpfte jedes Mal mit meiner Mutter. Sie solle ihr Mittagessen selbst essen. Er wollte, dass sie ihre Arbeit schaffte, mehr nicht. «Soll ich denn zusehen, wie meine Kinder vor meinen Augen verhungern?», war alles, was unsere Mutter erwiderte.

Der Sommer brachte das erste Obst in unserem Garten, der uns zum Glück geblieben war. Wir aßen so viel Obst, wie wir konnten und kamen wieder etwas zu Kräften. Da es keinen Zucker gab, konnten wir die Früchte leider nicht einkochen, doch ein Teil wurde getrocknet. Im Spätsommer gingen wir Kinder so oft wir konnten auf die Felder, «stupple» wie wir sagten, d. h. auf den bereits abgeernteten Feldern Ähren sammeln. Auch hier durften wir uns nicht erwischen lassen. Die Felder wurden von einem Aufpasser zu Pferde bewacht, und deshalb stand immer eines von uns Kindern Schmiere, während die anderen nach Brauchbarem suchten. Aus dem eingesammelten Getreide machten wir dann zu Hause Grütze, indem wir die Getreidekörner lange in einem gusseisernen Mörser stampften. Mein Bruder Anton suchte die Felder nach Käfern ab, die die Ernte schädigten. Dafür bekam er einen «Strich» angerechnet und nach der Ernte eventuell etwas Getreide. Alle Schulkinder gingen im Sommer nach der Schule Käfer sammeln. Dann fing Anton an, mit den anderen Jungen Zieselmäuse zu fangen. Diese brachten sie dem jüdischen Gerber bei uns im Dorf. Der Gerber verkaufte die Häute, und die Jungen bekamen etwas Bargeld. Das war das einzige Geld, das wir hatten, und wir kauften uns davon ein Paar Galoschen, das wir abwechselnd trugen.

Alles, was sich bewegen konnte, vom Kleinkind bis zum Greis, arbeitete in der Kolchose. Die meisten natürlich mehr schlecht als recht, denn alle waren geschwächt und dem Hungertod nahe. Sogar die Kühe wurden rekrutiert: Wer eine Kuh besaß, musste sie tagsüber der Kolchose zur Verfügung stellen. Die Tiere wurden eingespannt und mussten den Pflug ziehen. Dafür bekamen sie dann ein Bündel Heu am Abend – ihr einziges Futter mussten sie sich auf diese Weise «verdienen». Die so ausgezehrten Tiere gaben selbstverständlich nur wenig Milch.

In den folgenden Jahren besaßen wir immer mal wieder für kurze Zeit eine Kuh, solange, bis sie uns wieder weggenommen wurde. Einmal zum Beispiel bekamen wir ein Kälbchen von Verwandten geschenkt, das wir aufzogen, bis es selbst Milch gab. Doch als wir nicht genügend Milch abliefern konnten, wurde die Kuh uns abgenommen. Genauso mit den

Hühnern. Immer wieder kamen Leute von den Behörden und zählten sie, kontrollierten den geringsten Besitz. Alles wurde mit Abgaben belegt, die so hoch veranschlagt waren, dass kein normaler Mensch sie entrichten konnte.

Meine Eltern besaßen jedoch auch einen Schatz: Es war ihnen nämlich gelungen, ihre goldenen Eheringe vor der Konfiszierung zu retten, obwohl sie diese am Finger behielten. Die beiden Ringe tauschten sie nun gegen einen Eimer Reis und etwas Mehl. Es war das schönste Mehl, das ich je gesehen hatte, weiß wie Schnee und fein wie Puder. Damals war ich der festen Überzeugung, solches Mehl gebe es nur gegen Gold. Auch der Reis war für uns Kinder ein Wunder, denn nie zuvor hatten wir welchen gegessen.

Einmal bekamen wir ein Lebensmittelpaket von den Onkeln, denen noch vor Revolutionsbeginn die Flucht aus unserem Dorf gelungen war und die nun in Amerika lebten. Meine Eltern hatten das Paket angenommen, dann aber keine ruhige Minute mehr. Hilfe aus dem kapitalistischen Ausland anzunehmen war lebensgefährlich, selbst wenn man hungerte. Überall lauerten Spitzel und Denunzianten, und für Vaterlandsverrat oder Spionage drohten härteste Strafen. Mein Vater schrieb deshalb nach Amerika, man möge uns keine Pakete mehr schicken.

Kleidung zum Wechseln hatten wir nicht. Wir besaßen nur das, was wir am Leib trugen. Jahrelang hatte ich nur eine einzige Unterhose. Die Sachen wurden gewaschen, über Nacht getrocknet und wieder angezogen, auch wenn sie manchmal noch feucht waren. Wir trugen sie so lange, bis sie uns in Fetzen vom Leib hingen. Und wir liefen immer barfuß, denn Schuhe gab es nicht. Unsere Fußsohlen waren vom ständigen Barfußlaufen hart wie Leder. Von einem Maiskolben entfernten wir die Körner und benutzten ihn als Bürste. Mit ihm scheuerten wir abends unsere Füße und wuschen uns am Fluss mit Lauge. Zum Wäschewaschen bereiteten wir eine Lauge, indem wir etwas Asche in Regenwasser gaben. Das Wasser schäumte dann leicht, und wir wuschen darin unsere Sachen. Seife hatten wir nur ganz selten. Natürlich wurde die Wäsche nie richtig weiß, aber frisch war sie nach dem Waschen doch. An so etwas wie Bügeln war überhaupt nicht zu denken, ein Bügeleisen war so unvorstellbar luxuriös, dass wir nicht einmal davon träumten. Doch Luxus gab es schon auch, wie das folgende Beispiel zeigt: Eines Tages brachte mein Vater eine ganze Menge Kerzendocht mit nach Hause, aus dem meine Mutter uns – man glaubt es kaum – Schuhe häkelte. Auf die waren wir sehr stolz. So oder so ähnlich machten es alle. Not macht wirklich erfinderisch. Man musste sich ständig etwas einfallen lassen.

Natürlich hatten wir auch ab und zu Läuse, doch auch das bekam unsere Mutter schnell in den Griff: Mit Petroleum rieb sie unsere Köpfe ein und hielt unsere Haare immer kurzgeschoren. Eines Tages schenkte meine Tante mir einen kleinen gebogenen Zierkamm, den man ins Haar stecken kann. Ich war überglücklich. Seit der Konfiszierung hatten wir uns nicht gekämmt, jetzt kämmte ich mich genüsslich, meine Geschwister ebenfalls, und erst dann steckte ich mir den Kamm ins Haar. Ich war ganz stolz und konnte es gar nicht fassen, dass es Dinge gab, die einfach nur schön waren und keinen weiteren Zweck erfüllen mussten.

Wir hatten keinerlei gekauftes Spielzeug. Unten am Fluss gab es allerdings jede Menge Lehm, und aus dem formten wir uns Puppen, Pferde und allerlei phantasievolle Dinge. So spielten wir Kinder den ganzen Tag im Dreck. Eines Tages beobachtete meine Mutter mein Spiel und war entsetzt: Ich spielte Beerdigung. Dafür hatte ich mir kleine Püppchen geknetet, mit denen ich im Spiel redete und die ich umsorgte. Jedes Püppchen bekam eine Wiege und einen Sarg. Zuerst legte ich es in die Wiege, schaukelte es liebevoll, dazu sang ich ihm Lieder vor und sagte Reime auf. Dann starb es, und kam in den Sarg. Ich lud eine Trauergemeinde ein. Im Spiel betete ich ein Vaterunser für das Verstorbene und beerdigte es. Dieses Spiel konnte ich stundenlang spielen, ohne dass es mir langweilig wurde. Erst sehr viel später sollte ich begreifen, warum ich das spielte, dass mein Leben in diesem Spiel vorweggenommen war.

Meine Mutter, von den Schwangerschaften geschwächt, unterernährt und ausgemergelt, hatte keine andere Wahl, als zur täglichen Fronarbeit in die Kolchose zu gehen. Mein Vater indessen zog sich bei der schweren Arbeit im Straßenbau eine Lungenkrankheit zu, die sich schon bald zu einer Tuberkulose entwickelte. Um sie zu behandeln, musste er über Monate nach Odessa ins Krankenhaus. Als sich abzeichnete, dass mein Vater ein bleibendes Lungenleiden davontragen würde und zur schweren körperlichen Arbeit im Straßenbau nicht mehr taugte, erlaubte man ihm, einen Kursus als Agronom (Landwirt) zu machen. Nach Abschluss dieses Kurses arbeitete er wieder in der Kolchose und blieb bei uns.

Das Haus war noch immer im wahrsten Sinne des Wortes leergefegt. Seit der restlosen Konfiszierung unseres Eigentums schliefen wir Kinder auf dem Fußboden vor dem Ofen. Zwar hatten wir uns Stroh aus der Kolchose geholt und es uns als Unterlage ausgebreitet, doch zudecken konnten wir uns nicht, denn wir hatten keine Decken. Aus unserem Eigentum, das im benachbarten Dorf versteigert worden war, konnte eine Tante das Bett meiner Eltern zurückersteigern. So hatten wenigstens meine Eltern wieder ein Bett, in das wir Kinder uns abwechselnd hineinkuschelten und das Gefühl genossen, in einem richtigen Bett zu liegen. Und noch etwas Schönes gab es in unserem kargen Haus: Meine Mutter erwies sich als eine wahre Künstlerin, als sie aus Zeitungen mit sowjetischer Propaganda Papiergardinen bastelte, indem sie Blumenmuster hineinschnitt, deren Schatten bei Sonnenschein schöne Muster auf die Wände warf.

1934 bekam meine Mutter wieder ein Baby. Es war ein kleiner Junge, der Johannes hieß wie mein Vater. Er lebte nur wenige Wochen, dann starb er.

1935 starb auch meine jüngere Schwester Olga im Alter von fünf Jahren. Das war ganz besonders schlimm für mich. Olga war meine liebste Schwester, Spielkameradin und Freundin zugleich. Sie war die Gefährtin meiner Kindheit und mir eng ans Herz gewachsen. Während ihrer Krankheit wachten wir alle an ihrem Bett und versuchten, ihr beizustehen so gut wir konnten. Das einzige, was wir jedoch tun konnten, war beten. Sie wurde von Hustenanfällen gequält, bis sie keine Luft mehr bekam und schließlich vor unseren Augen erstickte. Ich war sieben Jahre alt, als ich das Sterben und den Tod meiner liebsten Schwester mit angesehen habe. Zu Olgas Beerdigung kamen nur vier Menschen. Auch das tat mir weh. Nur so wenige Menschen teilten unsere Trauer. Olgas Tod hat mich zutiefst berührt. Werden und Vergehen, Leben und Tod gehörten ganz eng zusammen, sind wirklich Teil eines Ganzen. Das habe ich sehr früh, als kleines Kind schon begriffen.

Leben im Dorf

Ab 1935 gingen mein Bruder Anton und ich in die Schule. Der Unterricht wurde von deutschen Lehrern in Deutsch gegeben, jedoch im kommunistischen Geist, wie es die neue Ordnung vorschrieb. Wir hatten unsere Dorfschule in München und somit keinen weiten Schulweg. Der Unterricht wurde in Schichten abgehalten: Die Klasse meines Bruders erschien vormittags und meine Klasse nachmittags oder umgekehrt. Das war sehr praktisch, da wir abwechselnd das einzige Paar Galoschen tragen konnten, das wir besaßen. Der Winter war selbst bei uns am Schwarzen Meer zuweilen recht hart. Wenn es richtig kalt wurde, dann brauchten wir nicht zur Schule, ja nicht einmal das Haus verlassen. Es kam häufig vor, dass wir barfuß durch den Schnee zu den Nachbarn liefen. Das war gefährlich und manch einer hat sich eine ernste Verkühlung zugezogen, die tödlich enden konnte.

Wir alle im Dorf waren gläubige Katholiken. Nie gingen wir abends zu Bett ohne ein Nachtgebet, nie hätten wir morgens das Haus ohne Morgengebet verlassen. Wir beteten bei Tisch und gingen selbstverständlich zur Messe in die Kirche. Diese Frömmigkeit war ein fester Bestandteil unseres Lebens, nichts Angelerntes, sie floss ganz frei durch unseren Alltag und hat ihm dabei Würde und Form verliehen. An den langen Winterabenden etwa wurden Rosenkränze gebetet. Wir hatten kein elektrisches Licht, und auch an Petroleum mussten wir sparen. So war das Beten in der Dunkelheit unsere einzige Beschäftigung. Wenn Nachbarn oder Freunde dazu kamen, beteten alle zusammen oder sangen Lieder. Das war wie ein Gottesdienst im eigenen Hause. Und wenn die Nachbarn noch eine Litanei auswendig konnten, dann wurde der Abend noch länger. Das gemeinsame Gebet schaffte eine sehr vertrauensvolle Atmosphäre und ein starkes Gefühl der Nähe. Das gemeinsame Gebet war gerade in diesen schweren Jahren eine große Quelle der Kraft, die man nicht unterschätzen sollte. Allen, die einen starken Glauben hatten, half es, nicht zu verzweifeln.

Wir beteten auch immer für unsere verstorbenen Geschwister, die zwar nicht mehr unter uns waren, aber im Geiste stets gegenwärtig und somit ein Teil unserer Familie blieben. Es verging kein Tag, ohne dass wir an sie dachten und für sie ein Vaterunser beteten.

Die Kirchen wurden in dieser Zeit noch geduldet, und anders als heute gingen damals viele in den Gottesdienst. Die Messen wurden in Latein gelesen, und wir alle hatten ein zweisprachiges Messbuch, in dem der liturgische Text auf der einen Seite auf Deutsch, auf der anderen in Latein abgedruckt war und mitverfolgt werden konnte. Ich hatte in der Kirche immer das Messbuch dabei, obwohl ich die Messe in ihren Abläufen in beiden Sprachen auswendig konnte. Wir alle hatten kein Latein in der Schule, und dennoch haben wir verstanden um was es ging. Man sage nicht, das arme Bauernvolk konnte nicht verstehen, was der Pfarrer erzählte. Ganz im Gegenteil! Auch wenn immer einige nur aus Gewohnheit in der Messe saßen, die meisten Gläubigen damals hatten ein solides Grundwissen über das, was mit Religion, Bibel, Liturgie und Glaubensfragen zu tun hatte, weil es uns auch so vermittelt wurde. In diesem Sinne waren wir damals religiös gebildeter als die Menschen heutzutage. Ich selbst verspürte seit meiner frühesten Kindheit eine große Zuneigung zu allem, was mit Gott, mit Kirche und Glauben zusammenhing.

Warum das so war, kann ich nicht sagen; vielleicht war es die sehr frühe Konfrontation mit dem Tod, vielleicht unsere Erziehung oder einfach nur Veranlagung. Ich weiß es nicht. Wenn anderen Kindern der Rosenkranz zu lang war, dann war er für mich gerade richtig. Wollten meine Eltern alleine zur Kirche, bettelte ich: «Nehmt mich mit.»

Man sage nicht, das tägliche Beten in der Familie war für uns Kinder Zwang. Nein, es war etwas völlig Normales, so wie Schlafen, Waschen oder Anziehen. Da wir weder Spielzeug noch Bücher, Fernsehen oder Ablenkungen anderer Art, ja nicht einmal elektrisches Licht hatten, war das Beten und Singen für uns sogar angenehm, besonders dann, wenn wir dabei Besuch von den Nachbarn mit ihren Kindern hatten. Es brachte uns menschlich einander näher und stärkte unsere Freundschaften. Immer wenn man die Glocken läuten hörte, betete man den «Engel des Herrn». Das taten wir auch, wenn wir mit Freunden unterwegs waren oder bei der Arbeit. Einmal lieferten wir gerade Milch bei der Kolchose ab und hörten auf dem Weg die Glocken läuten. Da stellten wir die Milchkannen ab und beteten. Niemand zwang uns dazu. Es war eine Selbstverständlichkeit.

Alle wichtigen Feiertage im Kirchenjahr wurden auch bei uns im Dorf begangen, allen voran natürlich die wichtigen Hochfeste. Ich war begeistert und ein wenig elektrisiert, wenn in der Karwoche, wenn die Glocken der Kirche von Gründonnerstag bis Samstag schwiegen, die Jungen des Dorfes früh morgens zur Zeit des ersten Glockenschlages durch die Straßen zogen, und lautstark, mit scheppernden Rasseln und knarrenden Rätschen ausgerüstet, die Leute zum Kirchgang riefen:

Ihr lieben Leit, s'ist Betglockzeit!
Die Nacht fangt an zu schleicha
für d'Arme wie für d'Reiche …
Die dunkle Nacht uns nitt verzagt
Gelobt sei Gott un Maria!
Ave Maria, gracia plena.

Sehr viele Leute, darunter auch mein Vater, gingen jeden Morgen zuerst in die Andacht, bevor sie ihren Arbeitstag begannen. Den Jungen, die straßenweise durch das Dorf zogen, machte das ganze natürlich einen Riesenspaß, und schon mittags trafen sie sich wieder:

Hört ihr Leit, 's ist Mittagszeit,
wir wollen euch was zu sagen.
Das Glöcklein hat zwölf geschlagen.
Ave Maria, gracia plena,
So grüßt der Engel die Jungfrau Maria.

Auch am Nachmittag zur Vesperzeit sangen sie:

Hört ihr Leit, 's isch Betglockzeit!
Der Tag fangt an zu bleicha
Für d'Arme un für d'Reiche.
Der helle Dag mit Fräd un Plag,
Gelobt sei Gott un Maria!

Das übliche dreifache Messläuten wurde so ersetzt:

Fer's erschte Mol in d'Karich!
Fer's zweite Mol in d'Karich!
Fer's letschte Mol in d'Karich!

Nach Ostern zogen die Jungen wieder durch die Straßen und sammelten für ihre Dienste eine gute Gabe, zum Beispiel ein gefärbtes Osterei oder Ostergebäck. Sie riefen:

Mir hän g'rätscht fer's Heiliche Grab,
Drum gewwa uns a scheeni Oschtergab!
Nit zu groß un nitt zu klein,
Dass es geht ins Karwel nei[4].

Wenn es etwas gab, riefen sie: «Gute Leit, gute Leit, da schauen drei Engel zum Fenster raus.» Wenn es nichts gab, dann riefen sie: «Schlechte Leit, schlechte Leit, da schauen drei Teufel zum Fenster raus.»

Das Osterfest, das sich über die ganze Karwoche hinweg langsam ankündigte, hatte eine ganz besondere Ausstrahlung. Tiefer Glaube und überliefertes Brauchtum trafen hier zusammen. Ostern war ein wirklich heiliges Fest. Es war für mich immer faszinierend, wie das ganze Dorf in der Karwoche zur Ruhe kam. Wäre nicht die Kolchose gewesen, alle Arbeit hätte geruht, so wie es vor der Kollektivierung der Fall war. Die Orgel in der Kirche verstummte, ebenso die Glocken. Eine Spannung und etwas Dramatisches lagen in der Luft. Die ganze Woche von Palmsonntag bis Karsamstag glich einem heiligen Kunstwerk, an dem alle Anteil hatten und keiner bloßer Zuschauer war. Die Spannung wurde mit dem Auferstehungsfest am Ostersonntag gelöst. Dann war die Luft erfüllt von Glockenklang und Orgelmusik. Ostern war wirklich ein Fest der Freude, von dem wir alle erfasst wurden. Selbst die Natur machte mit, denn am Schwarzen Meer erstrahlt zu Ostern der Frühling oft in voller Blütenpracht.

Das Weihnachtsfest und die Adventszeit hatten neben ihrem eigentlichen Inhalt einen ganz eigenen Charakter. Für uns Kinder standen hier vor allem die Krippenspiele im Vorder-

---

4 *«ins Karwel nei»: ins Körbchen hinein*

grund, die trotz unserer materiellen Armut mit großem Aufwand geprobt und aufgeführt wurden. Am Heiligen Abend zog das Christkind in Begleitung von zwei Engeln, Petrus, Knecht Ruprecht und dem Esel bei Einbruch der Dunkelheit von Haus zu Haus und besuchte die Kinder. Ein Engel klingelte mit dem Glöckchen am Fenster und fragte: «Daref's Chrischtkinnl rei'kumma?» Wenn von drinnen die Eltern «ja» sagten, trat das Christkind, ein ganz in Weiß gekleidetes, mit zarter Stimme sprechendes Wesen, ins Haus. Von seinen Begleitern, zwei Engeln, sprach der erste:

Gelobt sei Jesus Christus!
Hoch vom Himmel komm ich her,
ich bring euch eine neue Mähr.
Auf der Flur von Bethlehem,
welch ein Wunder klinge.
Gleich als ob ein Engelschar
seine Lieder singe.

Goldne Schwerter in der Hand,
stehn sie dicht entschlossen.
Tausendfacher Sternenglanz,
über sie ergossen.

In der Heiligen Weihnachtszeit
ist ein Kind geboren,
Jesulein Heil der Welt
ist uns auserkoren.

Der zweite Engel sprach:

Seine Äuglein, lieb und klar,
wie des Himmels Blaue.

Könnte man ein schönres Bild
als das Kindlein schauen.

Seiner Mutter froher Blick
voller Lieb erdrungen,
und der Vater Joseph ist
betend hingesunken.

Hat's so gut mit uns gemeint,
fallet Ihm zu Füßen.
Euren Heiland, euren Freund
demutsvoll zu grüßen.

Nun sprach das Christkind:

Ihr lieben Kinder, seid gegrüßt,
und hochgelobt sei Jesus Christ.
Mich hat der liebe Gott gesandt
zu euch in dieses ferne Land.
Versprechet nun dem lieben Gott,
recht brav zu sein, ja immer fort.
Ein Kind, das nicht betet gern,
dem leuchtet auch kein guter Stern.
Seht her, was ich vom Christkind hab,
für brave Kinder eine schöne Gab.
Im Himmel werdet einst ihr sein,
im Kreis der Engel so hold und rein.

Dann rief das Christkind der Reihe nach die himmlischen Gestalten auf: Zuerst hieß es: «Petrus, Petrus, du herein!» Darauf erschien Petrus, gekleidet in einen weißen Chorrock mit Bart und riesigem goldenem Schlüssel. Er sagte:

Petrus, Petrus werde ich genannt,
den Himmelsschlüssel trage ich in meiner Hand.
Ich schließe den Himmel auf und zu.
Wer in den Himmel will, der muss Buße tun.

Das Christkind:

Ruprecht, Ruprecht, du herein!
Die Kinder wollen nicht artig sein.
Sie springen auf Tischen und Bänken herum.
Die Bücher zerreißen sie, die Blätter verschmeißen sie,
solch eine Bosheit treiben sie.

Auftrat Knecht Ruprecht, der ganz in Braun und eine Zipfelmütze tragend zwei kleine Holzstücke immerfort gegeneinander klopfte. Die Eltern mussten nun beteuern, dass ihre Kinder ganzjährig immerzu brav und fromm waren. Da sprach Knecht Ruprecht:

Ha, ha, ich bin auch noch da.
Flitsch, flatsch, Flederwisch,
draußen ist's muskatenfrisch.
Muss mich in die Stube machen,
was die kleinen Kinder schaffen.
Wintermann, Winterweiß,
mein Bart ist lauter Zapfeneis.
Ich komme weit vom Tannenwald her,
mein Sack ist hundert Zentner schwer.
Nüsse, Kuchen, Marzipan
bringt der liebe Weihnachtsmann.
Sind kleine Kinder im Haus?
So schütt ich meine Sachen aus.

Auch das Christkind ließ sich nicht lumpen und gab uns mit folgenden Worten die Geschenke:

Jetzt teilen wir die Gaben aus
für alle, die sind in diesem Haus.

Meistens bekamen nur wir Kinder Geschenke, aber keineswegs Marzipan und Nüsse, wie es in Ruprechts Spruch hieß, sondern ein Körbchen, das mit Kleingebäck, Bonbons und aus Papier gebastelten Blumen und Schleifen gefüllt war. Wir freuten uns riesig, denn solche Leckereien bekamen wir nicht alle Tage.

Zum Schluss hieß es noch: «Eselchen, Eselchen, du herein!» Dann kam eine als Esel verkleidete Gestalt und steckte den Kopf in unsere Körbchen. Wir hatten immer Angst, er könnte uns etwas wegfressen, aber zum Glück beließ er es beim Schnüffeln. Beim Abschied segnete uns das Christkind mit den Worten:

Gott segne diese Mahlzeit hier,
und Haus, und Feld und alle Tier.
Gott segne diese Kinderschar,
Auf Wiedersehen, bis zum nächsten Jahr.

Danach zog die himmlische Gesellschaft weiter in die verschneite Nacht, die für uns wirklich eine heilige Nacht war. Noch Tage später erzählten wir Kinder uns vom Besuch des Christkindes und seinen Begleitern, die auf uns den Eindruck machten, als wären sie tatsächlich für uns vom Himmel herabgestiegen.

Die große Säuberung

Die Jahre 1935 bis 1937 sind in die sowjetische Geschichte als die Zeit der «großen Säuberungen» eingegangen. Es waren Jahre, in denen eine Verhaftungs- und Vernichtungswelle ungeheuren Ausmaßes wütete, von der selbst die Spitzen der Politik und des Militärs nicht verschont blieben. Betroffen war auch die gesamte «Intelligenzija», also Akademiker wie Lehrer, Pfarrer, Ärzte, aber auch einfache Leute. Im weltgeschichtlichen Maßstab ist dieser Terror ohne Beispiel, und die Geschichtswissenschaftler erklären den Massenmord am eigenen Volk bis heute nur mit der Tyrannenpsyche Stalins. Das Land hatte Millionen und Abermillionen Opfer zu beklagen und war auch dadurch erneut geschwächt. Wenn die Verbannungen von 1928 bis 1932 in erster Linie die Landbewohner trafen (Ausrottung der Kulaken), so war die neue Welle der Gewalt jetzt Teil der politischen Herrschaft selbst. Der neue Mensch, die neue Ordnung sollten erstehen, und wer hier nicht hineinpasste, musste weichen. Jeden konnte es treffen und die Angst war allgegenwärtig. Die Verhafteten verschwanden in den Lagern des GULAG[5], aus denen kaum jemand zurückkehrte.

Am 12. Dezember 1937 wurde der Oberste Sowjet gewählt, und die Anhänger Stalins gewannen erfolgreich mit 99,9 Prozent. Wir wussten jedoch, dass die Verhaftungen bei Nacht und Nebel und die Einschüchterungsversuche in allen Ebenen und Gremien ihre Wirkung nicht verfehlten.

Und wieder hatten die deutschen Siedlungen unter diesem Terror mehr Opfer zu beklagen als es ihrer Zahl an der Bevöl-

5 *GULAG: Hauptverwaltung der Straflager in der UdSSR.*

kerung entsprach. Die Machtergreifung Hitlers in Deutschland löste zwischen der Hitlerregierung und den Sowjets große Spannungen aus, die sich später verheerend auf das Schicksal der Deutschstämmigen in Russland auswirken sollten. Ab 1934 wurden alle Deutschen in der Sowjetunion in Geheimlisten erfasst, und es wurde noch vor dem Ausbruch des Zweiten Weltkrieges ein geheimer Plan zur «politischen Neutralisierung» und kompletten Umsiedlung aller Deutschen aus dem europäischen in den asiatischen Raum der Sowjetunion erstellt. Jeder mit deutschem Nachnamen lief Gefahr, als angeblicher Spion des Dritten Reichs, Saboteur oder Feind der Sowjetmacht auf die NKWD[6]-Liste gesetzt zu werden. Diese Agententheorie war fester Bestandteil der stalinistischen Ideologie. Schon vor dem Krieg betrachtete Stalins Regime die deutsche Bevölkerung in der Sowjetunion als einen Feind im Inneren, der im Falle eines Krieges dem sowjetischen Staat in den Rücken fallen würde.

Auch in unserem Dorf war die Atmosphäre vergiftet. Man traf sich nicht mehr abends zum gemeinsamen Gebet. Misstrauen lag in der Luft. Jeder sollte jeden bespitzeln und denunzieren. Ein falsches Wort genügte und schon wurde man verhaftet. Die Anklage lautete stereotyp auf antisowjetische Agitation gegen das Kolchossystem, Verleumdung der Sowjetmacht, Verherrlichung der kapitalistischen Ordnung. Man warf den Angeklagten vor, ein Volksfeind, Verräter, Spion, Saboteur, Konterrevolutionär zu sein. Am Morgen kamen Kinder oft weinend in die Schule, weil man nachts ihre Väter abgeholt hatte. Da so viele Männer verschwunden waren, fiel

---

6 *NKWD: Volkskommissariat für innere Angelegenheiten, 1934 unter Einbeziehung der GPU als Instrument des stalinistischen Terrors geschaffen.*

die Hauptlast der Landarbeit nun wieder auf die Frauen. Eine Erhebung ergab, dass 1940 fast ein Drittel der Familien in den deutschen Gemeinden ohne Oberhaupt war. Uns blieb dieses Schicksal zum Glück erspart.

Die Kirche wurde noch bis 1936 geduldet. Der Lehrer fragte jedoch montags immer, wer von uns Kindern am Sonntag in der Kirche war. Ich glaube, ich war eine von denen, die bis zum Schluss regelmäßig in die Kirche gingen, während viele Dorfbewohner aus Vorsicht begannen, die Kirche zu meiden. Eines Tages verpetzte mich ein Mädchen namens Ida und erzählte dem Lehrer, dass ich in der Kirche war. Sie hätte es genau gesehen, wie ich an ihrem Haus vorbeiging. Der Lehrer ließ mich sogleich vorlesen. Als ich vor Aufregung ins Stottern geriet, musste ich unter den Tisch kriechen und dort bellen wie ein Hund. Dies war eine beliebte Rüge des Lehrers, der zum Glück nur Aushilfe in unserer Klasse machte, und den ich überhaupt nicht mochte.

Wir waren immer noch zerlumpt und bettelarm. Eine Tante von mir, die im Krankenhaus von Rastatt (einem benachbarten deutschen Dorf) arbeitete, konnte uns eines Tages etwas Mull besorgen. Daraus nähte meine Mutter mir ein Kleid und färbte es mit rotem Rübensaft. Das Kleid war ein Traum: weinrot und luftig. Mit diesem Kleid und dem Zierkamm im Haar war ich eine Prinzessin, auch wenn ich barfuß herumlief und manchmal Läuse hatte.

Anton und ich mussten im Hause viele Aufgaben übernehmen: zum Beispiel Wasser holen an der Quelle mit dem Tragejoch. Der Brunnen lag außerhalb des Dorfes, etwa 300 Meter von unserem Haus entfernt. Ich bewunderte meinen großen Bruder, weil er stärker war als ich. Immer konnte er mehr tragen. Doch gespielt haben wir natürlich auch. Manchmal bespritzten wir uns unterwegs mit dem Wasser, und wenn wir zu Hause waren, waren unsere Eimer fast leer. Oder wir begannen zu plätschern und vergaßen völlig, nach Hause zu gehen.

Unser Obstgarten erwies sich als wahrer Segen. Wir verdanken ihm bestimmt unser Überleben. Ich erinnere mich, manchmal zehn Äpfel auf einmal gegessen zu haben. Am Wochenende war Wochenmarkt in Mostowoj, einem acht Kilometer entfernten Ort. Wir packten so viel Obst aus unserem Garten zusammen, wie wir tragen konnten. Wir pflückten auch oberhalb unseres Dorfes etwas Sauerampfer und banden ihn in kleine Büschel. Damit machten wir uns auf den Weg zum Markt. In Mostowoj gab es Leute, die etwas Geld hatten und sich Obst leisten konnten. Das waren meistens Juden. Von unserem Erlös kauften wir je einen Laib Brot. Auf unserem langen Nachhauseweg knabberten wir so lange an dem Brot, bis es zu Hause angekommen fast alle war. Manchmal haben wir zu Hause getobt, dass man vor Staub nichts mehr sehen konnte. Dann haben wir schnell den Lehmfußboden in unserem Haus mit Wasser bespritzt, damit sich der Staub legte und die Eltern es nicht merkten. Wenn die Eltern weg waren, haben wir auch mit den Hühnern gespielt. Ich war damals wie alle Kinder sehr geschickt im Hühnerfangen. Ich fing ein Huhn, legte seinen Kopf unter den Flügel und drehte mich mit ihm im Kreis, bis mir ein wenig schwindelig wurde. Dann legte ich es ab. Das Huhn lag ruhig da und schlief. Schnell griff ich nach dem nächsten Huhn und machte mit ihm das Gleiche. Manchmal hatte ich eine ganze Reihe eingeschläferter Hühner vor mir liegen. Sie schliefen für ein paar Minuten und wachten dann der Reihe nach auf. Ein Riesenspaß für uns.

1936 bekam meine Mutter Katharina und 1938 die Zwillinge Georg und Paul. An ihrem fortwährenden Einsatz in der Kolchose änderte das nichts. Täglich ging sie dorthin, nur manchmal übernahm Anton, der ja schon zwölf Jahre war, ihre Schicht und schaffte es sogar, die Norm zu erfüllen. Dann konnte meine Mutter sich zu Hause ein wenig um die Kinder und den Garten kümmern. Das ging aber nicht immer, denn Anton musste zur Schule gehen, auch sah es der Aufpasser in der Kolchose nicht gern, wenn meine Mutter ihren zwölfjährigen Sohn schickte. So mussten Anton und ich die Versorgung der Babys übernehmen, womit wir überfordert waren. Wenn wir im Sommer in der Mittagshitze aus der Schule nach Hause kamen, lagen die Kleinen in ihrer Wiege und schrien um die Wette. Die Windeln waren voll, es müffelte, und überall saßen Fliegen. Manchmal stritten Anton und ich eine Weile darum, wer welches Kind versorgen sollte. Wenn wir uns geeinigt hatten, machte sich jeder daran, ein Baby zu säubern und notdürftig zu wickeln. Wir fütterten die Kleinen mit dem Brei, den unsere Mutter schon vorbereitet hatte, setzten uns mit ihnen, ganz stolze Eltern, auf unsere dreibeinige Bank in die Sonne.

Irgendwann schafften unsere Eltern zwanzig Gänse an, und das hieß für Anton und mich tägliche Stopfarbeit. Jeder fing sich eine Gans, hielt sie zwischen den Beinen fest und stopfte ihr Mais in den Schlund. Zwischendurch wurde etwas Wasser nachgeschüttet, damit das Futter besser rutschen konnte. Was heute vielen wie Tierquälerei vorkommt, hat uns damals Spaß gemacht, schließlich machte der Verkauf der Gänse unser Leben leichter. Die Gänse wurden dick und fett, und wir beneideten sie darum, dass sie so viel zu Fressen bekamen. Auch hätten wir selber gern einmal Gans gegessen, doch geschlachtet haben wir nur ganz selten. Wenn die Mastgans schlachtreif war, also acht bis zehn Kilo wog, dann brachte mein Vater sie nach Odessa zum Markt. Eine Gans brachte immer eine ganze Menge Geld ein, so dass mein Vater uns davon etwas zum Anziehen kaufen konnte. Das A und O bei der Preisermittlung war jedoch ihr Fettanteil. Die Käufer, zumeist Juden, untersuchten die Gans ausgiebig, tasteten sie rundherum ab, um sich zu vergewissern, dass sie auch wirklich genug davon angesetzt hatte.

Weil mein Vater ein Attest hatte, durfte er regelmäßig nach Odessa ins Krankenhaus fahren, um sich dort untersuchen zu lassen. Eines Tages sprach er im Krankenhaus mit dem Arzt über die kleine Katharina, inzwischen zwei Jahre alt, deren Entwicklung nach Ansicht meiner Eltern stark verzögert war. Für eine Mastgans war der Arzt bereit, Katharina zu untersuchen. Und für mich hieß das diesmal: Ich durfte mit, das erste Mal richtig weit von zu Hause weg, noch dazu in eine richtige Großstadt. Wir blieben zwei Wochen in Odessa, und ich durfte bei Katharina im Krankenhaus bleiben. Ich übernachtete dort auch und bekam wie eine kleine Patientin zu essen. Diese zwei Wochen waren für mich wie eine kleine Kur, das Essen schmeckte mir köstlich und stärkte mich. Auf der Kinderstation fand ich sehr schnell Freunde, allesamt ukrainische Kinder. Wir konnten uns sprachlich kaum verständigen, aber mit Zeichensprache klappte es wunderbar. Von Odessa selbst habe ich nicht so viel gesehen, aber an eins erinnere ich mich genau: Das war das alte Bahnhofsgebäude und der riesige Springbrunnen davor. Er war mit kunstvollen Skulpturen geschmückt, das Wasser fiel in Strahlen von oben herab. Den Fischskulpturen lief das Wasser in feinen Rinnsalen aus dem Maul. Den kühlen Schleier, der den Brunnen umgab, fühle ich noch immer auf der Haut, und Odessa ist für mich bis heute mit diesem sinnlichen Eindruck verbunden. In Odessa fuhr ich auch zum ersten Mal mit der Straßenbahn, gleichfalls für mich unvergessen. Die anderen Kinder in München beneideten mich wegen meiner Odessareise, was mich stolz machte.

Die Ärzte stellten bei Katharina einen Herzfehler fest, der sie nicht lange würde leben lassen. Leider konnten sie nichts für sie tun, und so mussten wir die Rückreise mit dem Zug antreten.

Zu Hause angekommen, erfuhren wir, dass Georg, eines von den inzwischen sechs Monate alten Babys, gestorben war. Wenige Tage später starb auch Paul, der andere Zwilling. Der Tod der kleinen Brüder traf mich wieder sehr, denn Anton und ich waren in besonderer Weise für sie verantwortlich gewesen. Die Kindersterblichkeit in den Familien, bei denen Großeltern oder wenigstens eine Oma wohnte, war nicht ganz so hoch. Diese Kinder wurden etwas besser versorgt. Wir dagegen mussten uns selbst versorgen. Doch selbst abends nach der Kolchosarbeit gab es kein normales Familienleben. Die Leute wurden nicht in Ruhe gelassen. An vielen Abenden gab es Versammlungen, in denen die Lehre der neuen Machthaber verbreitet wurde. Ein Mann (wir nannten ihn Büttel) lief mit einer Glocke in der Hand durch die Straßen und rief: «Alle zum ‹sobranije›! Heute Abend ist ‹sobranije›.» Sobranije heißt Versammlung. Kamen zu wenig Leute, musste der Büttel abermals durch die Straßen ziehen. Aus den Häusern versuchte er die Leute mitzuschleppen. Meine Mutter wurde einmal mit Gewalt aus dem Haus geholt und in die Versammlung gebracht.

Zwei Elemente bildeten seit über hundert Jahren die Grundpfeiler der Identität der Russlanddeutschen: die Kirche und die Schule. Stalin wusste das, und deshalb wurden in den Jahren 1936 bis 1937 alle Geistlichen deportiert oder ermordet. Da der Stalinismus selbst eine Religion, die neue Ordnung schlechthin, sein wollte, mussten die Vertreter der alten Lehren weichen, auch galt Religion seit Marx als Opium des Volkes. Die Kirche wurde aus dem öffentlichen Raum verbannt, und das hieß, die Glocken und das Kreuz wurden aus dem Kirchenraum entfernt. Später wurde aus der Kirche ein Clubhaus für die kommunistische Jugendorganisation. Wie ich später erfahren sollte, hatten es ein paar Gläubige geschafft, die sakralen Gegenstände aus der Kirche zu retten und sie zu vergraben. Das öffentliche religiöse Leben in München war nun vorbei, keine Taufen, keine Eheschließungen, keine Kommunionfeiern mehr. Selbst für die Toten gab es kein christliches Begräbnis. Meine Tante heiratete 1938. Weil sie auf Gottes Segen nicht verzichten wollte, ließ sie sich heimlich in der Nacht im benachbarten Dorf Rastatt trauen. Pfarrer Köhler in Rastatt war der letzte Geistliche in unserer Gegend, bis auch er 1938 verschwand.

Der Staat versuchte uns den Glauben auszutreiben, uns zu brechen und alles zu vernichten, was unsere Identität und unseren Stolz ausmachte. Doch die Menschen blieben trotz allem in ihrem Innersten dem Glauben verbunden, schließlich hatten sie ihn mit der Muttermilch aufgesogen. Er war seit Generationen gewachsen und gefestigt. Der menschliche Geist lässt sich nicht einsperren, auch wenn die Menschen entwürdigt und versklavt werden. In unserer Familie, wie auch in vielen anderen, lebte der Glaube unbeirrt weiter.

Der zweite staatliche Frontalangriff zielte auf die Sprache. Am 1. September 1938 kamen wir nach den Sommerferien in die Schule und waren sehr überrascht festzustellen, dass wir lauter neue Lehrer hatten, die nur russisch oder ukrainisch sprachen. Ab sofort sollte der Unterricht in Ukrainisch abgehalten werden, und zwar in allen Fächern. Wir waren geschockt, saßen da und verstanden kein Wort. Die Kinder stießen sich gegenseitig an und fragten einander: «Was hat der Lehrer gesagt? Hast du das verstanden?» Manche Kinder meinten, ich müsse das doch verstehen, ich sei ja schließlich in Odessa gewesen. Aber ich verstand nicht mehr als sie. Dies war ein echter Kulturschock, den wir zu bewältigen hatten. Fortan hatten wir nur noch eine Stunde Deutschunterricht in der Woche, dafür bekamen wir zusätzlich Russischunterricht, was uns vollends durcheinander brachte. Wenn auch unter Schwierigkeiten, mussten wir uns in die Gegebenheiten fügen und uns mächtig anstrengen. Denn das hier war nur der Anfang, die alte Welt war nicht mehr.

II. 1941–1952

Deutsche Besatzung

Am 22. Juni 1941 bombardierten die Deutschen Kiew, die Hauptstadt der Ukraine. Der große Feldzug Hitlers gegen die UdSSR begann. Wir waren tief beunruhigt. Jetzt standen wir also auch noch im Krieg mit Deutschland. Der Krieg verhieß nichts Gutes, das stand fest. Sollten die Zeiten noch härter werden? Oder bestand vielleicht die Hoffnung, von Stalins Terrorregime befreit zu werden? Die Menschen spekulierten, jeder für sich. In der Schule erzählte man uns, die Deutschen seien Unmenschen und Hitler ein Menschenfresser. Die Lehrer zeigten uns Karikaturen, auf denen Hitler halb als Mensch, halb als Raubtier zu sehen war. Wir Kinder nahmen dies nur zu wörtlich in unserer Angst vor dem, was kommen mochte. Eines Tages besuchte uns der jüdische Gerber Onkel Schulem und redete mit meinem Vater. Ich lauschte an der Tür. Onkel Schulem hatte Angst und meinte, Hitler würde alle Juden vernichten, ausnahmslos. Mein Vater versuchte ihn zu beruhigen, wollte solch einem Gerücht keinen Glauben schenken. Er versicherte Onkel Schulem, ihm werde bei uns schon nichts passieren. Schließlich kannten wir uns seit Jahren, hatten immer als gute Nachbarn zusammengelebt.

Noch in den ersten Kriegstagen wurden die letzten jungen Männer des Ortes in die Sowjetarmee einberufen. Mein Vater blieb indessen verschont, sein Gesundheitszustand war zu schlecht. Alle anderen Dorfbewohner, sofern über 16 Jahre, wurden zum Graben von Schützengräben abkommandiert, die etwa 15 Kilometer von unserem Dorf entfernt ausgehoben wurden. Die Front war nicht weit weg. Bald schon zogen russische Soldaten durch unser Dorf. Sie sahen nicht gut aus. Sehr geschwächt und heruntergekommen, befanden sie sich bereits auf dem Rückzug von der Front. Im Dorf herrschte eine eigenartige Atmosphäre. Auf einmal lebten wir wie in einem Niemandsland. Die Stadt beantragte kein Getreide mehr, die allgemeine Kontrolle ließ nach, man ließ uns plötzlich in Ruhe. In diesem Jahr fiel die Ernte besonders gut aus: Goldgelb zogen sich wogend die Getreidefelder hin, und in unserem Obstgarten hingen die Bäume voller Früchte.

An einem heißen Augusttag, es war der elfte, trug mir meine Mutter auf, ein Huhn zu schlachten. Mit meinen 13 Jahren konnte ich das bereits sehr gut. Also ging ich hinaus und suchte mir ein schönes aus. Als ich das Messer an seinen Hals setzte, hörte ich Motorenlärm. Sogleich sah ich Motorräder. Seltsam, das war ganz ungewöhnlich. Noch nie waren Motorräder in München gewesen. Es waren ziemlich viele, und ich begann zu zählen. Das elfte Motorrad hatte einen Beiwagen. Darin saß ein Soldat, den ich plötzlich deutsch sprechen hörte. Das mussten also die Deutschen sein. Ich ließ mein Huhn los und rannte Hals über Kopf ins Haus. Aufgeregt berichtete ich den Eltern, was ich gesehen hatte. Mein Vater ermahnte uns, Ruhe zu bewahren. Schließlich könnte es sein, dass es nur verkleidete Russen waren, die uns testen und unsere Reaktion sehen wollten. Zuzutrauen wäre ihnen das. Wir sollten also auf keinen Fall offen Freude zeigen.

Mich hielt es kaum noch im Haus, zu aufregend war, was da passierte. Als die Motorräder weggeknattert waren, passierte erst einmal stundenlang nichts, und unseren Spekulationen waren Tor und Tür geöffnet. Schließlich kamen deutsche Soldaten zu Fuß durch unser Dorf, und die Leute waren nicht mehr zu halten. Überzeugt davon, dass es deutsche Soldaten sein mussten, da sie auf dem Koppel die Aufschrift «Gott mit uns» trugen, gingen ihnen die Dorfbewohner, Jung und Alt, neugierig und mit gewisser Erleichterung entgegen. Wie staunte ich, dass die deutschen Soldaten so gar nicht wie Unmenschen aussahen, gar nichts Raubtierhaftes an sich hatten, was man uns doch in der Schule gesagt hatte. Im Gegenteil: Ich hatte noch nie so gepflegt und adrett wirkende Menschen gesehen. Die Zurückhaltung unserer Leute ließ nach. Sie holten Tische auf die Straße, deckten sie, pflückten Blumen und stellten sie in Vasen auf die Tische. Frisches Brot wurde gebacken, denn das Mehl der Kolchose war jetzt verfügbar. Unser ganzes Dorf war plötzlich voller Soldaten. Sie erzählten, dass sie zur 6. Armee unter General Paulus gehörten. Auch einige Panzer waren in unserem Dorf. Mit einem von ihnen stürzten die Soldaten die Stalinstatue vor unserer Kirche um. Wir atmeten auf. Sollte das wirklich die Befreiung von der stalinistischen Schreckensherrschaft sein?

Die Armee zog weiter Richtung Stalingrad. Die Wehrmacht registrierte uns Deutsche und errichtete eine Wehrmachtskommandantur in Landau, unserer Kreisstadt. Das Kolchosenland wollte man auf uns Bauern aufteilen. Da es aber nicht genug Landmaschinen zur Bearbeitung der Gesamtfläche gab, bekam jeder Bauer nur so viel Land, wie er selbst bewirtschaften konnte. Die reiche Ernte dieses Jahres holten wir mit Hilfe der Wehrmachtssoldaten selbst ein. Wir füllten unsere Scheunen bis unters Dach, jeder durfte sich so viel nehmen, wie er wollte. Einen Teil durften wir sogar verkaufen, und der Rest wurde an die Wehrmacht abgeliefert.

Das Gebiet zwischen Dnjestr und Bug, wo auch unsere deutschen Dörfer lagen, wurde unter rumänische Zivilverwaltung gestellt und bekam den rumänischen Namen «Transnistrien». Transnistrien war jedoch kein rumänisches Staatsgebiet, und seine Einwohner waren keine rumänischen Staatsbürger. In Transnistrien lebten Russen, Ukrainer, Moldawier und

135 000 sogenannte Volksdeutsche. Die deutschen Dörfer in Transnistrien wurden von der «volksdeutschen Mittelstelle» (kurz Vomi) betreut und geführt. Mit den Rumänen kamen wir gar nicht in Berührung. Auf Anordnung der Vomi wurde eine Organisation aufgebaut, die sich «Selbstschutz» nannte und der viele junge Männer aus unseren Dörfern angehörten. Ich erinnere mich noch daran, wie sie in Zweierreihen singend durch unser Dorf marschierten. Aus München wurden drei junge Männer, einer davon mein jüngster Onkel Georg, von den Deutschen zur Armee einberufen. Wie sich später herausstellen sollte, kamen sie zur SS. Da auch junge Männer aus unseren Dörfern bereits vor Kriegsausbruch in der Sowjetarmee Dienst getan hatten, fürchteten jetzt einige von uns, dass sich Dorfbewohner auf beiden Seiten der Front wieder begegnen würden, also Bruder gegen Bruder und Nachbar gegen Nachbar kämpfen müssten. Wir wussten damals noch nicht, dass Stalin bereits Vorsorge getroffen und alle Volksdeutschen aus der Armee entfernt hatte, um sie hinter dem Ural in seinen Lagern für den Krieg arbeiten zu lassen. Es gab jedoch einen jungen Mann aus unserem Dorf, der in den ersten Kriegstagen als Sowjetsoldat in deutsche Gefangenschaft geriet. Er wurde von den Deutschen freigelassen und kehrte zu uns nach München zurück, wo er sogleich von den Deutschen einberufen und wieder an die Front geschickt wurde. Die Menschen wurden wie Marionetten von beiden Seiten missbraucht. Doch dies sollte uns erst später aufgehen.

Nun hatten wir wieder Religionsunterricht und durften unseren Glauben in aller Offenheit praktizieren, was für die Menschen bei ihrer starken katholischen Prägung von größter Wichtigkeit war. Wir mussten nicht fürchten, wegen eines heimlich gesprochenen Gebets, wegen eines Flehens zu Gott aus tiefster Not oder wegen einer christlichen Beisetzung der

Angehörigen am nächsten Tag ins Gefängnis zu kommen. Diese Freiheit gab uns Luft zum Atmen. Die Kirche, die von den Kommunisten in ein Clubhaus umgewandelt worden war, diente wieder ihrem eigentlichen Zweck. Endlich wurden wieder Kinder getauft, darunter auch schon ältere. Standesamtlich Verheiratete holten die kirchliche Trauung nach, denn seit vier Jahren hatte unser Dorf keinen Pfarrer mehr gehabt. Im Hof des Schmiedemeisters wurde das Kreuz ausgegraben und in einem Stall die Monstranz samt Reliquien sowie ein kostbares Messgewand. Unter Lebensgefahr hatte man diese Dinge dort vor den Kommunisten versteckt. Jetzt gab es wieder das Allerheiligste in der Monstranz, zur Anbetung ausgesetzt, und die Freude der tief gläubigen Menschen war unbeschreiblich. Immer wieder sagten sie: «Jetzt wird alles gut, denn wir haben unseren Herrgott wieder gesehen.»

Die deutschen Soldaten erschienen uns als Befreier, als Retter. Es waren religiöse Menschen, die mit uns die heilige Messe zelebrierten und deren Wahlspruch «Gott mit uns» lautete. Dieses Motto nahmen wir beim Wort und hielten es nicht für eine zynische Phrase. Hinzu kam, dass sie uns als kultivierte Menschen erschienen, wie wir schon lange keine mehr gesehen hatten. Sie sprachen unsere Sprache, ja zum Teil sogar unseren Dialekt. Das vermittelte uns ein Heimatgefühl, das uns alle für sie einnahm. Welch eine Erlösung für uns, dass man uns in unserem Elend nach all den Jahren nicht vergessen hatte. So dachten wir damals.

Inzwischen rückte die Front weiter. Man hörte viel über die Erfolge der deutschen Wehrmacht, die Deutschen standen vor Stalingrad. Wir stürzten uns in die Arbeit, für die wir nun durch die neu erlangte Freiheit hoch motiviert waren. Das Dorf erlebte innerhalb kürzester Zeit einen gewissen Wohlstand, etwas, das wir bis dahin nicht gekannt hatten. Ich war 14 Jahre alt und genoss einen wunderschönen Sommer. Abends sangen wir Jugendlichen deutsche Lieder, sowohl alte, als auch neue aus dem Reich. Eine Jugendorganisation entstand, die mit der Hitlerjugend im Reich vergleichbar war. Sommer 1942: Unser Obstgarten stand in voller Pracht. Man hörte vertrauten Gesang. Alle waren fröhlich und, was nicht hoch genug einzuschätzen war: Wir waren endlich einmal wohlgenährt. Die Euphorie der Jungen steckte zwar auch die Älteren an, doch eine gewisse Skepsis ließ sich bei Leuten wie meinem Vater nicht ganz ausräumen. Dazu hatten die Älteren zu viel Schlimmes erlebt, auch hatten manche die Ahnung, dies sei nur die Ruhe vor dem Sturm. Und schließlich durften wir eines nicht vergessen: Wir befanden uns im Krieg.

Dann kamen uns Gerüchte zu Ohren über Gräueltaten der deutschen Soldaten, wir konnten das nicht glauben. Doch dann erzählten junge Mädchen aus dem Dorf, die in Odessa bei reichen jüdischen Familien als Hausmädchen arbeiteten, die deutschen Soldaten würden die Juden töten. Odessa, das auch zu Transnistrien gehörte und damit unter rumänischer Verwaltung stand, hatte eine große jüdische Gemeinde. Die Rumänen schienen den Juden auf illegalem Wege helfen zu wollen, indem sie ihnen vielfach falsche Papiere ausstellten. Die SS jedoch machte kurzen Prozess und kannte kein Erbarmen.

Eines Tages kam eine schwarze Limousine in unser Dorf gefahren. Sie fiel allen durch ihr luxuriöses Aussehen auf. Dem Auto entstiegen einige SS-Männer, die wir an dem Totenkopf auf ihren Uniformmützen erkannten. SS-Leute waren uns auch schon vorher begegnet, und ihre merkwürdige Uniform hinterließ bei uns immer ein gewisses Unbehagen. Sie trugen nicht die Aufschrift: «Gott mit uns», sondern die Parole: «Meine Ehre heißt Treue». Diese Parole verwirrte mich als Kind.

Das schwarze Auto hielt vor dem Haus der einzigen jüdischen Familie in unserem Dorf. Die Familie hatte vier heranwachsende Töchter, doch das machte überhaupt keinen Unterschied. Die gesamte Familie wurde von den SS-Männern abgeholt und ein paar Dörfer weitergebracht. Mein Vater und einige Männer aus der Nachbarschaft versuchten die jüdische Familie in Schutz zu nehmen. Sie redeten auf die SS-Leute ein, bekamen jedoch eine barsche Antwort: «Wer Juden schützt, ist ein Verräter.» Mein Vater und die anderen fühlten sich nun selbst bedroht und gaben auf. Nach kurzer Zeit hörten wir von einem furchtbaren Vorfall: Die Juden aus mehreren benachbarten Dörfern, unter anderem auch unser Onkel Schulem, wurden vor einem Graben aufgereiht und erschossen. Aus den Reihen der Schwarzmeerdeutschen hatte es Versuche gegeben, dies zu verhindern. Die Beteiligten wurden gleich neben die Juden an den Graben gestellt, doch man ließ sie am Leben.

Als mein Vater diese Geschichte hörte, stand für ihn fest: «Jetzt ist der Krieg verloren. Wir brauchen die Felder nicht mehr zu bestellen. Es ist bald alles vorbei.» Die Enttäuschung war groß. Wir Schwarzmeerdeutschen hatten selbst Erfahrung mit einem terroristischen Unrechtsregime und was die Deutschen taten, verhieß nichts Gutes.

Ab Oktober 1943 wurden deutsche Rekruten aus dem Reich in unserem Dorf stationiert. Jede Familie musste für die Soldaten Wohnraum zur Verfügung stellen. Bei uns wurden fünf junge Männer im Alter zwischen 18 und zwanzig Jahren untergebracht. Wir räumten das Wohnzimmer aus und breiteten eine dicke Strohschicht auf dem Fußboden. Sie bekamen Decken und schliefen so etwa ein halbes Jahr bei uns. Morgens um sechs mussten sie zum Dienst aufbrechen. Gegen zwölf Uhr mittags kamen sie nach Hause. Sie hätten auch in der Feldküche Mittag essen können. Ich erklärte mich jedoch bereit, für sie zu kochen. Irgendwie taten sie mir leid. Sie waren noch so jung und wurden doch nur auf den Kriegseinsatz vorbereitet. Außerdem war das Essen in der Feldküche sehr knapp bemessen.

In dieser Zeit hatte ich nicht so viel zu tun, eine der wenigen Phasen in meinem Leben, die einmal nicht im Zeichen eines großen Arbeitspensums stand, aber das wusste ich damals noch nicht.

Wir gingen zwar zur Schule, aber nur für zwei bis drei Stunden am Tag. Außerdem hatten wir unter der deutschen Besatzung ein Schulprogramm, das lediglich für die Klassen 1 bis 4 geeignet war. Kinder in meinem Alter waren also hoffnungslos unterfordert. Nach dem Einmarsch der deutschen Armee wurde der Unterricht in unserer Schule wieder in deutscher Sprache abgehalten und wir bekamen neue Bücher. Auch einige unserer deutschen Lehrer von früher tauchten wieder auf. Diese hatten sich zwischen 1937 und 1941 versteckt gehalten hatten. Warum wir älteren Schüler nicht angemessen unterrichtet wurden, weiß ich nicht, nehme aber an, dass es einfach die besonderen Umstände der Kriegszeit waren, die eine sinnvolle Schulpolitik in unserem Gebiet unmöglich machten.

Meine Mutter hatte 1943 noch einmal ein Baby bekommen, die kleine Hildegard. Da meine Mutter nun mit dem inzwischen sechs Monate alten Kind sehr beschäftigt war, fiel das Kochen in meinen Aufgabenbereich. Mir gefiel das, ich kochte gern. Unsere Familie bestand zu dieser Zeit aus sechs Personen, hinzu kamen noch fünf Soldaten. Zuerst aßen immer unsere Gäste, dann setzte sich unsere Familie an den Tisch zum Mittagessen. Mein Bruder und ich hatten ein sehr freundschaftliches Verhältnis zu «unseren» Soldaten.

Da war der kleine Trube aus Berlin. Ihm ist es am schwersten gefallen, die militärische Ausbildung fern von seiner Heimat zu absolvieren. Er war ein blasser, schmächtiger Junge, ein Einzelkind. Mit seinem Berliner Dialekt hatte ich anfangs Mühe. Dann war da der Breitfeld, ein schweigsamer Typ, der in seiner Freizeit sehr viel las und nur gesprochen hat, wenn man ihn fragte. Der Müller war das Gegenteil, immer lustig und fröhlich sächselte er stark, so dass wir uns köstlich amüsierten. Nowak war ein ganz frecher. Er drückte mich einmal an die Wand und wollte mich küssen. Vetter spionierte immer hinter mir her. Ich glaube, er mochte mich. Er half mir beim Wasserholen und beim Gänsestopfen. Er sammelte ein Haar von meiner Schulter und wollte es aufbewahren.

Bei den Mahlzeiten langten sie ordentlich zu, aßen auch den letzten Krümel. Ich machte mir Sorgen, dass sie vielleicht nicht satt würden. Meine Mutter meinte aber, die Portionen wären groß genug, ich solle nicht mehr kochen. Doch nun wollte ich es wissen: Wie viel würden sie wohl beim Essen schaffen? Ich beschloss, ein Testessen zu veranstalten. Dazu kochte ich einen Berg Maisgrieß mit viel Schweineschmalz und Grieben. Das Essen war reichhaltig, um nicht zu sagen recht schwer, duftete aber köstlich. Unsere Soldaten stürzten sich buchstäblich darauf, doch nach einer Weile sah ich, wie der erste sich den Gürtel lockerte, dann die anderen nacheinander. Alle waren am Kämpfen und hatten Mühe es zu schaffen. Ich wies sie darauf hin, dass die Reste an das Vieh gingen. Das konnten sie nicht auf sich sitzen lassen und löffelten, mittlerweile schweigend, Grießportion auf Grießportion bis alles vertilgt war – eine beachtliche Leistung. Nun wusste ich, wie viel in einen deutschen Soldaten hineinpasst.

Bei anderer Gelegenheit hatten die Soldaten Durchfall bekommen. Der kleine Trube schaffte es nicht zur Toilette und hatte die Hose voll, als er nach Hause kam. Als er uns das ungeniert erzählte, wollten mein Bruder und ich uns totlachen. Wir verstanden gar nicht, warum ihm das nicht peinlich war. Er berichtete uns ganz sachlich über sein Malheur. Doch ich weigerte mich, seine Hose zu waschen. Da machte er kurzen Prozess und warf sie weg.

Ich hatte mich zuvor bereit erklärt, unseren Soldaten die Wäsche zu waschen, jedoch unter der Bedingung, dass sie mir das Wasser holten. Sie mussten mir einmal in der Woche mit einem Tragejoch aus der etwa 300 Meter entfernten Quelle vier Eimer Wasser holen. Dann wusch ich ihre Wäsche. Am meisten ekelte ich mich vor ihren Taschentüchern. Ich weichte sie in viel Seife ein und rührte mit einem langen Holzstiel in der Lauge.

In der Zeit, als die Rekruten in unserem Dorf stationiert waren, hatten wir abends Ausgangssperre. Manchmal wollte ich jedoch abends eine Freundin besuchen. Von den Soldaten erfuhr ich, dass ich immer dann gehen könnte, wenn einer von ihnen Wache hatte. Sie verrieten mir dann die Parole, und ich konnte mich auf den Weg machen.

Die Soldaten hofften, nach ihrer Ausbildung auf Heimaturlaub, doch es sollte anders kommen. Im März 1944 kam es zur entscheidenden Wende vor Stalingrad, die deutsche Armee unter General Paulus musste abziehen. Mein armer Verehrer, Gerhard Vetter, wurde als erster zur Front gerufen. Er marschierte in vorderster Reihe durch unser Dorf. Alle Bewohner gingen auf die Straße. Wir beneideten die jungen Soldaten nicht. Viele von ihnen würden vielleicht schon bald den Tod finden. Als die Soldaten durch das Dorf marschierten, war ich gerade beim Backen, ich machte Kreppel, ein Schmalzgebäck. Nun hatte ich mich nicht einmal von Gerhard Vetter verabschiedet und hätte ihm gern wenigstens ein paar frisch gebackene Kreppel mit auf den Weg gegeben, traute mich aber nicht, dies vor allen Leuten zu tun. Meine Tante, geistesgegenwärtig und mitfühlend, packte für mich schnell ein paar Kreppel ein, lief auf die Straße und drückte sie Gerhard in die Hand. «Die sind von Magdalena. Behüt dich Gott, mein Junge.»

Schon am nächsten Tag, am 12. März 1944, ein Sonntag, erging ein Funkspruch an alle zuständigen «Führer» in Transnistrien: Die russische Armee hatte den nördlichen Bug überschritten. Damit war die sogenannte Alarmstufe IV ausgelöst, was hieß: Sofortige Evakuierung vorbereiten.

Nicht nur wir Schwarzmeerdeutschen, sondern alle Deutschen in den besetzten Gebieten der Sowjetunion, wurden aufgefordert, ins Reich zu ziehen. Und das war ein Befehl. Die Organisation war perfekt. Alle Bewohner unserer Dörfer waren bereits registriert. Es wurde ein Treck organisiert, dem sich an die 250000 Menschen anschließen sollten.

Für uns stellte sich nicht die Frage, ob wir gehen oder bleiben wollten. Falls wir geblieben wären, hätten die Russen uns als Kollaborateure in den GULAG geschickt, und die stalinistische Foltermaschinerie war uns wohlbekannt. Doch auch die Wehrmacht verfolgte ihre Ziele, und es war nicht klar, was mit denen passiert wäre, die sich dem Abzug verweigert hätten. So wurden alle jungen Männer, die das Alter von 18 Jahren erreicht hatten, zur Wehrmacht eingezogen. Da wurde nicht lange gefragt. Man brauchte Soldaten. Etliche von diesen jungen Männern bekamen sofort einen Stempel unter den Arm gebrannt. Dass dieses Brandzeichen die Zugehörigkeit zur SS bedeutete, erfuhren viele erst hinterher.

Unser Verhältnis zu der deutschen Besatzungsmacht war vertrauensvoll. Wir waren ihnen dankbar, dass sie uns jetzt, da sie so schnell abziehen mussten, nicht unserem Schicksal überließen und wieder den Kommunisten auslieferten. Nein, sie nahmen uns mit. Und wir wähnten uns gerettet. Dass uns im Reich vielleicht keiner wollte, dass wir gar unerwünscht waren, ist uns nicht in den Sinn gekommen. Natürlich auch nicht, uns dem Widerstand anzuschließen. Denn Widerstand zu leisten hätte bedeutet, zu den Partisanen zu gehen und Seite an Seite mit Russen und Ukrainern zwar gegen die deutsche

Besatzungsmacht, gleichzeitig aber für den Kommunismus wie wir ihn kannten und damit für Stalin zu kämpfen. Hatten wir eine Wahl? War die Wahl zwischen zwei Diktaturen überhaupt eine, und kann man Menschen dafür verurteilen, dass es sie überforderte, zwischen Stalin und Hitler zu wählen?

Unterwegs auf dem Treck

Nun war Eile geboten. Uns blieben nur wenige Tage, um uns für die weite Reise zu rüsten. Die Wehrmacht hatte angeordnet, alle Frauen mit kleinen Kindern zuerst mit dem Zug und dann per Schiff über die Donau nach Deutschland zu bringen, da man ihnen die Strapazen der Reise auf dem Pferdewagen quer durch Europa nicht zumuten konnte. Deshalb brachen meine Mutter, meine Schwester Katharina, mittlerweile sechs, und die fast einjährige Hildegard, begleitet von meiner Tante mit ihren Kindern, auf, um auf diesem Wege nach Deutschland zu reisen. Auch mein Vater durfte mit, konnte mit Frauen und Kindern per Schiff reisen. Sie fuhren ab Wassilinowo in Eisenbahnwaggons davon. Unterwegs sollten sie von Lastern aufgenommen werden, die sie zum Schiff bringen sollten. Wie wir später erfuhren, blieben einige Laster im Schneesturm stecken. Es war bitterkalt in dieser Nacht, und beinahe wäre die kleine Hildegard erfroren. Doch alles ging gut, alle erreichten unversehrt das Schiff.

Ich blieb als einzige Frau zu Hause. Zusammen mit Anton und Onkel Stephan sollte ich unsere Reise mit dem Treck nach Deutschland vorbereiten. Auch Onkel Adolf sollte mitkommen. Er war jedoch noch unterwegs, um der Wehrmacht Transporthilfe zu leisten. Nun hätte er längst zurück sein müssen, und wir saßen wie auf heißen Kohlen. Hoffentlich war ihm nichts zugestoßen. Er hatte ja die Pferde und den Wagen, den wir beladen und für den Treck startklar machen mussten.

Alles befand sich im Aufbruch, jeder war erfasst von der allgemeinen Geschäftigkeit. Es war, als wäre eine Welt aus den Fugen geraten. Vieh wurde geschlachtet und Reiseproviant vorbereitet. Auch ich rüstete fleißig für die Reise, indem ich einen ganzen Schinken in Teig wickelte und ihn für unterwegs buk. Ich überlegte, was wir Wertvolles im Hause hatten. Zum

Beispiel Tabak. Den hatten wir für den Verkauf angebaut. Ich wusste, dass man damit meistens einen guten Preis erzielen konnte. Also packte ich allen Tabak ein, den wir hatten, vergaß aber den Schinken. Es hieß, wir sollten nichts mitnehmen, was schwer und sperrig war. Also dachte ich mir mit meinen 15 Jahren, dass unsere neuen Kissen aus frischen Daunen unter «zu sperrig» fielen. Kurz entschlossen trennte ich die Bezüge auf, warf alle Daunen weg und nahm die leeren Kissenbezüge mit, mit dem Hintergedanken, aus dem Stoff der Kissenbezüge könnte man ja vielleicht noch etwas nähen. Als wir unterwegs keine Kissen zum Schlafen hatten, wurde mir klar, was für einen Fehler ich gemacht hatte.

Schließlich kam Onkel Adolf mit dem Pferdewagen. Wir packten das Notwendigste hinauf: Mehl, Fett, Öl, Kleidung, Decken, Geschirr.

Am Morgen des 17. März 1944 brachen wir auf – «heim ins Reich» wie es hieß. Diesen Tag vergesse ich nie. Das Dorf befand sich in einer apokalyptischen Stimmung. Es galt Abschied zu nehmen von der Heimat, von Haus und Hof, von allem, was uns lieb und teuer, von allem, was uns auch in Zeiten der Not ans Herz gewachsen war. Viele weinten, andere waren einfach hektisch. Fast alles Vieh wurde freigelassen. Auf den Straßen liefen Kühe und Kälber, Schweine, Hühner und Gänse verstört umher. Das Vieh brüllte, die Hunde heulten, als ahnten sie bevorstehendes Unheil. Der letzte Blick auf dieses blühende Dorf, auf die gepflegten Obstgärten, die liebevoll hergerichteten Bauernhäuser und prallgefüllten Scheunen brach uns schier das Herz.

Und so zogen wir los, eine endlose Kolonne heimatlos gewordener, unter Tränen den Rosenkranz betender Menschen. 140 Jahre Geschichte unseres Volkes in der Ukraine gingen zu Ende. Was würde nun kommen? Wohin sollte der Weg uns führen? «Heim ins Reich» – sagten die Soldaten, und die jungen Leute waren hoffnungsvoll. Die Älteren jedoch wussten, dass nur der Herrgott allein die Richtung weiß. Und so legten wir unsere Zukunft ganz in Gottes Hand.

Als wir das Dorf schon fast verlassen hatten, kam noch mein jüngster Onkel Georg, der gerade Fronturlaub hatte. Er hatte es gerade noch geschafft, sich uns anzuschließen und fuhr nun mit auf unserem Wagen. Auf dem Wagen durfte nur einer von uns als Kutscher sitzen. Alle anderen mussten nebenher laufen, denn immer wieder versackten die Räder in der fruchtbaren Schwarzerde, die im Frühling getaut war. Es ging nur sehr langsam voran. Immer wieder mussten die Wagen aus dem Schlamm gezogen werden. Ich erinnere mich an die großen Soldatenstiefel, die ich dabei trug und mit denen ich fortwährend im Matsch versackte. Außerdem zog ich auch noch unsere Kuh hinter mir her. Wie viele andere Familien, so hatten auch wir unsere Kuh mitgenommen, um unterwegs Milch zu haben. Immer wieder versuchte ich, mich heimlich hinten auf den Wagen zu setzen, wurde aber jedes Mal heruntergescheucht, denn der Wagen war ohnehin schon zu schwer.

Schließlich kamen wir an den Dnjestr, eine wichtige Grenzlinie zu Moldawien, der später Schauplatz vieler Kämpfe werden sollte. Dort berichtete man uns, dass seit einem Monat die Kolonne der Flüchtlinge nicht abgebrochen war. Das bedeutete, das gesamte deutsche Odessagebiet floh vor der Front.

Ich war 15 Jahre alt und als einzige Frau auf unserem Wagen auf dieser Reise für das Kochen zuständig. Abends machten wir immer in der Nähe einer Quelle halt, die die Treckleiter gesucht hatten. Hier konnten wir uns ein wenig erfrischen, kochen und übernachten. Mit einem Spaten wurde in der Erde ein Loch ausgehoben, Stroh oder Reisig, das wir unterwegs gesammelt hatten, hineingelegt und ein Feuer entfacht. Dann kam unser Kessel darauf, und ich kochte Dampfnudeln im Fett und Kartoffeln. Uns allen schmeckte es sehr gut.

Es dauerte acht Tage, bis wir Kischinew, die Hauptstadt von Bessarabien (Moldawien) erreichten. Die Tragweite dieses Abenteuers konnte ich damals noch gar nicht ermessen.

Wir fuhren weiter durch Rumänien. Die Leute dort habe ich als sehr unfreundlich in Erinnerung behalten. Die Rumänen gaben uns weder Futter für die Pferde noch Geld, als wir ihnen unsere Kühe verkaufen wollten. Da überließen wir unsere Kühe einfach sich selbst und zogen weiter. Die Reise wurde noch beschwerlicher, als wir in die Karpaten kamen und den steilen Aufstieg in die Berge zu bewältigen hatten. Unsere Wagen zogen langsam die Serpentinen hinauf, und auf jedem Wagen lag nun ein großer Stein griffbereit. Sobald der Wagen hielt, wurde schnell ein Stein vor die Räder geschoben. Unfälle ließen sich dennoch nicht vermeiden. Vor meinen Augen stürzte einmal ein Wagen die Böschung hinunter. Es gab einen Toten, der am Straßenrand beerdigt wurde. Menschen starben und wurden geboren. Unsere Nachbarin brachte ein Kind zur Welt, das einen Monat später gestorben ist und ebenfalls am Straßenrand beerdigt wurde. Wenn ich mir heute das Bild von unserem Treck vorstelle, von einem Volk, das aus der Sklaverei ausbricht und in das vor uns so sehr gelobte «Reich» heimgeführt wird, dann denke ich natürlich an die Israeliten, die im Vertrauen auf Gott alles zurückließen, um ins Land der Verheißung zu gelangen. Vertrauen auf Gott, das war es, was uns auf dieser Reise die Kraft zur Hoffnung gab. Natürlich folgten wir nicht dem Ruf Gottes, sondern dem Befehl der deutschen Wehrmacht. Das war uns allen bewusst. Und doch blieb uns nichts anderes, als unser Schicksal in Gottes Hand zu legen.

Ostern 1944 waren wir in Bulgarien. Ich erinnere mich an freundliche Menschen. Wir fragten eine Familie, ob wir bei ihr Brot backen durften. Die Hausfrau ließ mich sofort den Teig ansetzen und heizte den Ofen an. In der Zeit, die ich darauf warten musste, dass der Teig gegangen war, bot die Frau mir eine Pflaumensuppe an, die leicht alkoholisch und etwas gegoren roch. Ich malte mir schon aus, sie wolle mich vergiften und zögerte. Doch sie redete immer fleißig auf mich ein. Und so blieb mir nichts anderes übrig als den Teller zu leeren. Anschließend wurde ich sehr müde. Die Frau zeigte mir, wo ich mich hinlegen konnte und versprach mir, mich zu wecken, wenn der Teig gegangen war. Sie hielt ihr Wort, und ich buk an dem Tag neun Laibe duftendes Brot, das uns für neun Tage reichen sollte.

Wir zogen weiter nach Ungarn, und hier war ich fasziniert von der Schönheit des Landes. Die Weite der Landschaft, die Sonnenblumen- und Kornfelder erinnerten mich an Zuhause. Es waren wundervolle Maitage mit strahlendem Sonnenschein und blauem Himmel. Die Menschen waren unendlich freundlich und aufgeschlossen. Sie stellten für uns Getränke, Obst, Gebäck, sogar Süßigkeiten vor ihren Häusern auf. Ich werde diese Gastfreundschaft nie vergessen. Und ich glaube nicht, dass sie von oben verordnet war, denn wir erlebten die Freundlichkeit als unverstellt und offen.

Am 5. Mai 1944 erreichten wir die Stadt Dej (Desch gesprochen). In Dej würde es nun mit dem Zug weitergehen, der uns nach Polen bringen sollte. Wir mussten unsere Pferde abgeben, was meinem Bruder und vielen anderen Männern sehr schwergefallen ist. Alles wurde jedoch registriert, und wir bekamen die Zusage, dass wir an Ort und Stelle unsere Pferde wieder bekämen. Die Pferde kamen mit in unseren Zug. Wir selbst fuhren ebenfalls in Viehwaggons, die jedoch sehr sauber waren.

Anfang Juni erreichten wir Litzmannstadt (Lodz) in Polen, unser vorläufiges Ziel. Nach fast drei Monaten konnten wir uns das erste Mal wieder waschen, richtig baden und uns einer gründlichen Entlausung unterziehen. Auch unsere Sachen wurden gereinigt. Hier war unsere Reise nun erst einmal zu Ende. Wir waren über siebzig Tage unterwegs gewesen und hatten mehr als 2000 Kilometer zurückgelegt, über die Hälfte davon zu Fuß.

Unsere deutsche Schwarzmeergemeinde gab es nun nicht mehr. Die einzelnen Familien wurden von hier ansässigen Bauern bzw. Dorfverwaltern abgeholt und auf die verschiedenen Orte verteilt. Unsere kleine Gemeinschaft, die bis dahin zusammengelebt hatte, wurde zerstreut, zunächst nur im damaligen Warthegau, doch schon bald in der ganzen Welt.

Stationen der Ungewissheit

Teil 1: Polen

Im August 1944 sollten wir richtige Deutsche, das heißt eingebürgert werden. Das Ritual, dem wir uns dafür unterziehen mussten, war unheimlich und bezeichnend. Hier ging es nicht um Papierkram, und hier wurde auch nicht wie in Russland lediglich brutal befohlen, hier gab es eine äußerst effiziente Verwaltungsmaschinerie, die auch auf erobertem Gebiet reibungslos funktionierte.

Wir wurden einer gründlichen medizinischen und erbbiologischen Untersuchung unterzogen. Ich weiß noch, wie ich zusammen mit meiner Mutter einen Raum betrat, in dem zwei deutsche Militärärzte auf uns warteten. Ich war splitternackt, meine Mutter nur mit einer Unterhose bekleidet. Vor den Soldaten so nackt zu stehen, war unangenehm genug, doch vor allem schämte ich mich, weil meine Mutter dabei zusehen musste, wie sie mich anstarrten. Sie nahmen mich ganz genau ins Visier, betrachteten mich von allen Seiten. Einer der beiden drehte und wendete mich. Dann wurde ich gemessen und gewogen. Der untersuchende Arzt schaute mir prüfend in die Augen, um meine Augenfarbe festzustellen. Was er feststellte, das sagte er dem anderen Arzt, der am Schreibtisch saß und alles aufschrieb. Immer wieder blickte der von seinen Unterlagen hoch, als wolle er sich vergewissern, dass auch alle Angaben stimmen. Diese bizarre Musterung diente nur einem Zweck: Man wollte feststellen, ob und in welchem Grad wir zur arischen Rasse gehörten. Wir wurden nach allen Regeln der nationalsozialistischen Selektion begutachtet, um Teil des gesunden Volkskörpers zu werden, den die Partei im Begriff war aufzubauen. Damals verstand ich das noch nicht, doch ich fühlte am eigenen Leib, dass hier die menschliche Würde zur Disposition stand. Obwohl wir gerne eingebürgert werden wollten, fühlten wir uns unbehaglich. Mit unserer Durchschleusungsnummer, die wir von der Einwandererzentrale, kurz EWZ bekommen hatten (von manchen treffend mit «Ewige Wanderzigeuner» übersetzt), gingen wir nun von Zimmer zu Zimmer. An die zehn Untersuchungsräume mussten wir passieren. In dem einen wurde uns Blut am Ohr abgenommen, um festzustellen, ob es auch arisches war, in einem anderen wurden wir fotografiert, weiter hinten im Gang wurden unsere Personalien sowie Herkunft und Stammbücher überprüft. Dann wurden wir mit dem Einbürgerungsschein von einem Zimmer ins nächste geschickt, wo wir Stempel und Unterschriften einholen mussten, bis uns am Ende der Ausweis ausgestellt wurde, womit wir «Reichsdeutsche» waren, den deutschen Stammbürgern rechtlich gleichgestellt. Unser Deutschtum wurde uns mit deutscher Gründlichkeit bescheinigt, und zwar in unserem Falle, dass wir zur Kategorie I gehörten, also rein deutsch und fürs Altreich tauglich. Von den 135 000 Transnistriendeutschen konnten mehr als 119 000 der Kategorie I zugezählt werden. 12 500 gehörten zur Kategorie II, das heißt, ihnen war es in «volksfremder» Umgebung gelungen, trotz fremder Bluteinflüsse ihre Zugehörigkeit zum deutschen Volk zu erhalten. Nur 3500 wurden der Kategorie III zugerechnet, und es ist bezeichnend, dass über die Hälfte dieser Menschen aus der Stadt Odessa kam. Trotzdem wurden wir Volksdeutschen aus der Ukraine nicht ins Altreich geschickt, sondern mehrheitlich zur «Germanisierung» des Warthelandes bestimmt. Nur ein paar Tausend von uns wurden ins «Altreich» zur «Festigung unserer völkischen Werte» geschickt, wie es damals hieß.

Aus Kolmar wurde unsere komplette Familie von einem deutsch sprechenden Bauern abgeholt, der den Auftrag hatte, uns zu der uns zugewiesenen Unterkunft zu bringen. Wir fuhren lange mit dem Pferdewagen, vorbei an ärmlichen Bauernkaten, die in weitem Abstand in einer recht eintönigen Landschaft lagen. Es war ein flaches Land, das durch seine Einöde und Fremdheit ein Gefühl der Melancholie aufkommen ließ. Die Fahrt zog sich hin, und wir fragten uns bang, wo es wohl hingehen mochte. Als der Wagen irgendwann hielt und uns bedeutet wurde, abzusteigen, wurden wir abrupt aus diesen Gedanken gerissen. Wir standen vor einem kleinen Haus, das mitten in der Landschaft lag. Mit den Worten, die NSV-Frauen[7] würden bald kommen und sich um das Nötigste kümmern, verschwand der Bauer und ließ uns allein. Zögernd betraten wir das Haus. Es war komplett eingerichtet, die Betten gemacht, das Geschirr im Schrank. Im Stall standen zwei Pferde und ein Wagen, der offensichtlich zum Einsammeln der Milch für die Molkerei bestimmt war.

Uns war unbehaglich zumute. Hier mussten noch vor Kurzem Menschen gewohnt haben. Wer waren sie? Und vor allem: Wo waren sie jetzt? Uns war nicht wohl bei dem Gedanken, hier, in dieser gottverlassenen Gegend in einem fremden Haus zu wohnen.

Mein Vater suchte den nächsten Nachbarn auf, einen Polen, der mit Frau und fünf Kindern seinen Hof bewirtschaftete. Ihn befragte er nach den Leuten, die vorher in «unserem» Haus gewohnt hatten. Es stellte sich heraus, dass es der Bruder des Nachbarn war, der «unser» Haus bewohnt hatte. Die Deutschen hätten ihm alles weggenommen und ihn mit seiner Familie weggebracht. Das konnten wir kaum glauben. Sollten

---

7 *Nationalsozialistische Volkswohlfahrt (NSV), zweitgrößte Massenorganisation im Dritten Reich, für Gesundheitsbelange und für Ausgebombte zuständig, darüber hinaus Winterhilfe, Kinderlandverschickung (1943 17 Millionen Mitglieder).*

die Deutschen tatsächlich die gleichen Methoden haben wie die Kommunisten?

Unser Nachbar erwies sich bei all dem als sehr hilfsbereit. Er kam mit und zeigte uns alles, auch, was zu tun war, wo wir das Heu für die Pferde mähen konnten und andere nützliche Dinge. Meinem Vater war das gar nicht angenehm. Weit davon entfernt, den neuen Besitzer zu geben, beteuerte er immer wieder, er wolle hier nicht bleiben, wolle nichts von dem haben. Doch der polnische Nachbar blieb unbeeindruckt. Er sagte nur, es gebe keine Wahl, jeder Protest würde von den Deutschen bestraft. Wir boten ihm an, aus dem Haus seines Bruders wenigstens zu holen, was er gebrauchen könne, denn wir sahen, in welcher Armut der Mann mit seiner Familie lebte. Er lehnte jedoch ab, wieder mit dem Hinweis, die Deutschen könnten es ihm als Diebstahl auslegen.

Das ungewisse Schicksal der rechtmäßigen Besitzer dieses Hofes ließ uns nachts nicht schlafen. Man hörte, irgendwo seien verschleppte Polen wieder aufgetaucht, hätten ihren Besitz gewaltsam zurückgeholt und die neuen Bewohner in der Nacht ermordet. Mein Vater suchte nach Mitteln und Wegen, dass wir hier nicht bleiben mussten. Er konsultierte einen Arzt und bat mit Hinweis auf seinen verkümmerten Lungenflügel, der ihm seit seiner Tuberkuloseerkrankung zu schaffen machte, um ein Attest. Und er hatte Erfolg. Das Attest bescheinigte, dass er für die landwirtschaftliche Arbeit ungeeignet sei, vielmehr nur leichte Tätigkeiten ausüben könne. Doch eines hatten wir nicht bedacht: Mein Bruder, inzwischen schon 17, musste nun die schweren Aufgaben übernehmen.

Mittlerweile hatten wir die Gegend erkundet. Ein anderes Bauernhaus in der Umgebung wurde von einer ukrainischen Familie bewohnt, was wir erstaunlich fanden. Wieso wohnten hier Ukrainer? Wie sich herausstellte, hatte der ukrainische Mann an der Seite des General Wlassow für eine unabhängige

Ukraine gekämpft, und Wlassows Armee sich mit den Deutschen verbündet, um gegen die Sowjetmacht zu kämpfen. So erfuhren wir zum ersten Mal hier in Polen davon, dass so etwas wie eine nationale Befreiungsfront in der Ukraine, wo wir ja herkamen, existierte. Die Familie des Mannes, der für die sowjetischen Kommunisten ein Hochverräter war, fand hier bei den Deutschen Zuflucht, er selbst verbrachte hier lediglich den Fronturlaub, um anschließend wieder ins Kampfgebiet zurückzukehren.

Einer anderen Familie bot ich an, bei der Kartoffelernte mitzuhelfen. Bei dieser Gelegenheit erfuhr ich, dass die Familie des Bauern zu den Bessarabien-Deutschen gehörte. Diese Familie hatte schon 1939 Bessarabien (heute Moldawien) verlassen und war hier, ebenfalls im konfiszierten Haus einer polnischen Familie, angesiedelt worden. Hier hörte ich auch, dass die Rückführung aller Bessarabien-Deutschen ins Reich schon früh, bereits 1939 zwischen Hitler und Stalin in einem Vertrag vereinbart worden war, dem Hitler-Stalin-Pakt, wie wir heute sagen.

Und schließlich gab es in der Nähe noch eine deutsche Familie, die hier seit Generationen ansässig war. Die Frau war Krankenschwester, und ich erzählte ihr von meinem Vater, der sich zu diesem Zeitpunkt bereits in einem Lungensanatorium befand. Mein Vater, von Natur aus ein wenig ängstlich, aber auch ein aufmerksamer Beobachter seiner Umgebung, fand im Sanatorium nicht nur Erholung, sondern bekam auch mit, wie die Nazis mit Schwerkranken und Behinderten umgingen. Wieder einmal ahnte er nichts Gutes, und wieder einmal suchte er nach Mitteln und Wegen, sich der misslichen Lage zu entziehen. Er schaffte es, ein Papier zu bekommen, auf dem stand, dass sein Lungenleiden ansteckend sein könnte und er deshalb in Quarantäne leben müsse. Doch einen abgeschlossenen Raum für sich allein haben, dazu eigenes Geschirr,

Wasch- und Bettzeug, das konnte «unser» Bauernhaus nicht bieten, und so bekamen wir eine Wohnung in einer ehemaligen Schule zugewiesen. Frauen vom Gesundheitsamt kamen und kontrollierten, ob die Wohnung den Bedürfnissen des Kranken angemessen eingerichtet war. Mein Vater kam aus dem Sanatorium zurück, wir richteten uns in der Wohnung häuslich ein und fühlten uns wesentlich wohler als auf dem Grund und Boden, der uns nicht zustand. Wir waren erleichtert.

Doch die Erleichterung währte nur kurz, denn im August 1944 wurde Anton zur Armee einberufen. Das war ein schwerer Schlag, eine richtige Tragödie. Obwohl er erst im Oktober 18 Jahre alt werden würde, konnten wir seine Einberufung nicht hinauszögern.

Zu diesem Zeitpunkt wussten wir bereits, dass die deutsche Armee große Verluste hinnehmen musste. Es wurde uns immer klarer, dass man alle einberief, die eine Waffe halten konnten, auch die ganz Jungen. Sollte auch unser Anton noch schnell für «Volk und Vaterland» den Heldentod sterben? Wir wollten nicht, dass Anton als Kanonenfutter missbraucht wurde. Aber wie hätten wir uns wehren sollen, wie Widerstand leisten, wo wir als Evakuierte selber in einer völlig ungewissen Lage waren?

Das frage ich auch all jene, die später alle deutschen Soldaten unterschiedslos zu Verbrechern erklärt haben. Ich möchte an dieser Stelle die jungen Leute von jeder Kollektivschuld am Krieg freisprechen. Männer wie Anton wurden von der Sowjetmacht nach dem Krieg mit unsäglicher Härte bestraft, in den Augen der ganzen Welt waren alle deutschen Soldaten verbrecherische Elemente, die nicht auf Gnade hoffen konnten. Doch diese Sichtweise ist nicht richtig, und sie ist auch ungerecht, weil sie die politischen Umstände der Zeit völlig übergeht.

Ich erinnere mich, wie wir Anton nach seiner Einberufung zum letzten Mal begleiteten. Wir liefen zum nächsten Bahnhof, der Bahnstation Milsch. Von hier war es nur eine Haltestelle bis Schneidemühl, das bereits zu Deutschland gehörte. Wir hatten kaum Zeit für den Abschied. Der Zug rollte ein, mein Bruder hielt noch kurz meine Hand, und dann war er weg. Meine Eltern machten sich auf den Nachhauseweg. Doch mich übermannte plötzlich ein solcher Schmerz, dass es mir die Kehle zuschnürte und ich, von Weinkrämpfen geschüttelt, nicht weitergehen konnte. Mein Gefährte, mein Spielkamerad und Beschützer, mein über alles geliebter Bruder, der mir immer Stütze und Helfer war, war weg. Ich fühlte mich vollkommen verlassen, als ob ich geahnt hätte, dass ich ihn nie wieder sehen würde. Ich rannte kopflos ins Bahnhofsgebäude, wo eine Bekannte mich zu trösten versuchte. Doch vergeblich. Anton hinterließ in mir ein Gefühl der Leere, die durch nichts zu füllen war. Er fehlte mir noch lange, Jahre lang. Ich werde ihn niemals vergessen und schließe ihn bis heute in meine Gebete ein.

Das Jahr 1944 ging zu Ende. Da ich nicht viel zu tun hatte, nutzte ich die Gelegenheit, die Gegend zu erkunden, und fuhr viel mit der Bahn in die umliegenden Ortschaften, besuchte Landsleute aus München (Odessa), die hier im Wartheland untergebracht waren. Bei einer Zugfahrt fiel mir auf, dass es im Zug zweierlei Toiletten gab. Über manchen stand: Nicht für Polen, über anderen wiederum: Nur für Polen. Das war seltsam. Ich ging in beide Toiletten abwechselnd, konnte aber keinen Unterschied feststellen.

Ich freundete mich mit einem polnischen Mädchen in meinem Alter an, dessen Vater auch bei der Eisenbahn als Bahnvorsteher arbeitete. Das Mädchen hieß Ljuda. Wir verstanden uns prima, und manchmal übernachtete ich sogar bei ihr.

Mein Bruder schrieb uns jeden Tag, zuerst aus Holland, wo er eine Ausbildung als Kraftfahrer machte, dann aus der Rheinpfalz, wo die Menschen so sprachen wie wir. Er war dort bei einer pfälzischen Familie untergebracht und fühlte sich «grad wie daheem». Seine Briefe beruhigten uns, er war also nicht an der Ostfront. Meine Mutter betete jeden Tag für «den einzigen Sohn, der mir noch geblieben ist», und wir schlossen uns ihren Gebeten an.

So vergingen Herbst und Winter 1944. Wir feierten noch Weihnachten. Doch schon im Januar 1945 hörten wir, dass die Ostfront näher rückte. Jeden Morgen las ich die Zeitung. Meine Mutter nahm sie mir manchmal weg, weil ich ihr zuerst beim Haushalt helfen sollte. Doch ich war zu neugierig und verschlang begierig das Wenige an Informationen, das wir hatten.

Im Januar dann kamen die Schreckensmeldungen. Es wurde von Gräueltaten der russischen Soldaten berichtet, von Vergewaltigungen, von Plünderungen und Vandalismus. Die russischen Panzer rückten unaufhaltsam näher, und schon hieß es, sie stünden vor Warschau. Eines Tages kam überraschend mein Onkel Georg direkt von der Front zu uns. Seine Kompanie war bei Lemberg zerschlagen worden, und jeder, der sich irgendwie retten konnte, war geflohen. Georg warnte uns eindringlich: «Ihr müsst fliehen!» Er hatte an der Front erlebt, was die Russen mit den deutschen Zivilisten anstellten. Wir sollten schnellstens unsere Sachen packen und uns auf den Weg in Richtung Westen machen. Doch meine Eltern zögerten. Georg fuhr wieder weg. Meine Eltern blieben untätig. Ich begann nun zu drängen. Mir schauderte vor den Russen: Ich sah schreckliche Szenen der Gewalt vor mir, deren Opfer ich auf keinen Fall werden wollte. Immer stärker bedrängte ich meine Eltern. «Wir müssen hier weg!» – «Wo sollen wir denn hin mit den zwei kleinen Kindern?», so mein Vater hilflos. «Ihr habt den weiten Weg aus Russland hierher geschafft, auch mit den Kindern», versuchte ich ihn zu bewegen. «Wir müssen hier weg!» Mein Entschluss stand fest. Wenn es sein musste, würde ich allein fliehen. Ich ging zu meiner Freundin Ljuba und erfuhr dort von ihrem Vater, dass nur noch ein einziger Zug ins Reich fahren werde, der letzte. Die russischen Panzer rückten immer näher. Ich ging nach Hause und packte Waschzeug, Lebensmittelkarte und Papiere ein. Mit Hut und Mantel stand ich da, als mein Vater endlich sagte: «Warte auf uns, wir kommen mit.» Nun war wirklich Eile geboten. Ich fürchtete, den Zug zu verpassen. Mit Kinderwagen, einem Eimer Fett und wenigen Habseligkeiten beladen, kamen wir am Bahnhof an. Der Vater von Ljuba sagte, dass er den letzten Zug ins Reich eigentlich nicht mehr anhalten dürfe, er es aber uns zuliebe tun werde. Mit einem metallischen Geräusch, ächzend und vom eigenen Qualm verhüllt kam der Zug vor uns zum Stehen. Er war dermaßen überfüllt, dass die Menschen sich an den Türen festhielten. Soldaten drückten uns hinein, die Kinder wurden durch das Fenster gereicht. Wie die Ölsardinen eingeklemmt, standen wir in der stickigen Luft und waren doch heilfroh, als der Zug weiterfuhr. Wir verließen nun Polen.

Wir fuhren die ganze Nacht. Die Luft war unerträglich und es war so heiß, dass wir völlig schweißgebadet waren. Gegen Morgen sagte ein Mitreisender zu meinem Vater, dass in Küstrin eine Sammelstelle für Mütter mit Kindern sei. Schon näherten wir uns dem Ort, und der Mann redete in einem fort auf uns ein, wir möchten doch in Küstrin aussteigen. Dort werde man uns versorgen. Er würde uns auch beim Aussteigen behilflich sein. Ich war misstrauisch und flüsterte meinem Vater zu, er solle sich nicht darauf einlassen. Es war offensichtlich, dass der Mann uns nur loswerden wollte, um selbst mehr Platz zu haben. Schon hielt der Zug auf freier Strecke und der Mann half uns durch das Fenster hinaus. Ich protestierte, wir waren ja noch nicht einmal am Bahnhof, doch es half nichts. Mein Vater hatte sich von einem Fremden überreden lassen. Ich konnte meine Familie nicht allein lassen, und so stiegen wir aus. Wir liefen gute zwei Kilometer mit Kindern und Gepäck zum Bahnhof Küstrin, wo wegen eines Luftangriffs Bombenalarm herrschte. Meine Mutter und meine Schwestern wurden von Rote-Kreuz-Schwestern tatsächlich mit einer warmen Mahlzeit versorgt. Vater und ich stellten am Gleis unser Gepäck ab und warteten auf den Zug nach Berlin. Einmal jedoch ging ich zur Toilette und mein Vater zur NSV-Stelle, wo sich meine Mutter und meine Schwestern aufhielten, ein dummer Fehler, wie sich herausstellen sollte. Wir hatten uns daran gewöhnt, dass in Deutschland nicht gestohlen wurde: Doch nun war unser Gepäck verschwunden. Wir standen da, ohne Papiere, ohne Lebensmittelkarte, ohne Kleidung zum Wechseln, nicht einmal für die Kinder. Genau in diesem Moment entdeckten wir Herrn Gleich am anderen Bahnsteigende, den ehemaligen Kommandanten unseres Heimatdorfes in Russland. Er riet uns dringend zur sofortigen Weiterfahrt, denn hier in Küstrin waren wir nicht sicher vor den Bombern. Mein Vater holte meine Mutter und die Schwestern und wir nahmen ohne zu zögern den nächsten Zug nach Brandenburg.

Auch dieser Zug war überfüllt, und ich glaube, wir wurden nur der Kinder wegen mitgenommen. Dicht an dicht standen wir die Stunden bis zur Ankunft in Brandenburg.

Teil 2: Brandenburg

Brandenburg an der Havel, Januar 1945. Ein Ort, ein Zeitpunkt. Konnten wir ahnen, welche Bedeutung dieser Ort, diese Zeit für unser Leben haben sollte?

Wir mühten uns mit aller Kraft ums Überleben, Tag für Tag, Schritt um Schritt, weg von der Front, weg vom Tod und hin zum Leben; menschliches Verhalten, nur allzu menschlich. Und doch muss ich rückblickend erkennen, dass der Mensch seinem Schicksal nicht entkommen kann, mag er sich noch so mühen. Er wird eingeholt von der Zeit, vom Raum, vom Schicksal. Warum mussten wir ausgerechnet 1945 in Brandenburg sein?

In der Morgendämmerung kamen wir in Brandenburg an, einer Kleinstadt auf dem Lande westlich von Potsdam an der Havel. Es war kalt, und wir froren. Das alte klamme Gefühl der Ungewissheit beschlich uns einmal mehr, aber das kannten wir schon. Was erwartete uns? Wie ging es weiter? Zuerst wurden wir wieder von NSV-Frauen empfangen und im Hotel Rosenhang untergebracht, einem großen Hotel, völlig überfüllt mit verwundeten Soldaten und Flüchtlingen. Hier wurden wir registriert und bekamen etwas Warmes zu essen. Schon am nächsten Tag wurde uns eine Unterkunft zugewiesen. Damals wurden die vielen Flüchtlinge auf die einheimische Bevölkerung verteilt, jeder musste Wohnraum abgeben.

Wir fuhren mit dem Bus nach Brandenburg hinein. Hier, im Ratsweg 42, wurde meine Mutter mit den Schwestern untergebracht. Das Haus gehörte den Öhls, die im Erdgeschoss ein Lebensmittelgeschäft führten. Das Ehepaar hatte zwei Töchter, 15 und 18. Das Dachgeschoss des Hauses mit einer kleinen Küche hatte Herr Öhls für Flüchtlinge zur Verfügung gestellt. Hier war jedoch nicht genug Platz für uns alle. Daher wurde mein Vater im Haus gegenüber, beim Ehepaar Wittstock einquartiert, während ich im Obergeschoss des nächsten Hauses bei Frau Seidemann wohnte, einer Apothekerin Mitte dreißig, deren Mann an der Front vermisst wurde.

Frau Seidemann war sehr Anteil nehmend und wusste genau, mit was sie mir wirklich weiterhelfen konnte. Zuerst machte sie mir ein heißes Bad, wusch mir die Haare und gab mir schließlich von ihren Sachen zum Anziehen, da ich nichts mehr zum Wechseln hatte. Dann zeigte sie mir das Zimmer in ihrem neu erbauten Haus, wo ich übernachten sollte. Nie werde ich die Güte und menschliche Wärme dieser Frau vergessen.

Meine Mutter, mittlerweile hochschwanger und geschwächt durch die Flucht, brauchte dringend meine Hilfe. Ich bereitete in ihrer Dachstube die Mahlzeiten zu, ging mit den kleinen Schwestern zum Arzt und machte Besorgungen. Mein Vater kümmerte sich um die Formalitäten, ging zum Arbeitsamt und zu anderen behördlichen Stellen. Zusätzlich mussten wir auch noch selbst Feuerholz im Wald suchen, damit wir überhaupt kochen konnten.

Frau Seidemann kümmerte sich rührend um mich. Sie fuhr mit mir zum Charlottenburger Bahnhof nach Berlin ins Fundbüro, weil sie glaubte, dass sich Teile des Diebesgutes dort wieder finden ließen. Und tatsächlich: Ich staunte nicht schlecht, als ich wenigstens meine Handtasche mit den Papieren zurückbekam. Von den Bezugsscheinen, die wir Flüchtlinge erhielten, konnten wir uns Kleidung und Decken beschaffen.

Frau Seidemann riet mir ernsthaft davon ab, eine Ausbildung zur Krankenschwester anzufangen, nicht in diesen schweren Zeiten und nicht in meinem Alter. Sie wollte sich um eine Lehrstelle für mich in der Apotheke kümmern. Jeden Morgen nahm sie mich mit dorthin und schenkte mir Vitamintabletten. Sie nahm sich meiner an wie eine Mutter. Einmal sagte sie zu mir: «Magdalena, bleib bei mir. Deine Eltern haben doch noch andere Kinder.» Ich wollte jedoch bei meinen Eltern bleiben und sagte: «Ich habe viel zu gute Eltern. Das könnte ich ihnen nicht antun.» Vielleicht war sie einsam, die gute Frau, doch auf jeden Fall begegnet man nicht oft so guten und warmherzigen Menschen, wie sie es war.

Tod aus der Luft

Bombenalarm in Brandenburg, das war eine neue Kriegsetappe. Bisher waren die Flieger auf ihrem Weg nach Berlin über Brandenburg hinweg geflogen, hatten ihre tödliche Fracht nicht abgeworfen, zu unbedeutend war das Ziel. Dennoch gingen die Menschen in die Luftschutzkeller und Bunker, und zu diesem Zweck stand bei jeder Familie ein gepacktes Bündel griffbereit an der Tür. Das wurde bei Luftalarm in den Bunker mitgenommen. Es enthielt alles Wichtige. Nachts schliefen die kleinen Kinder angezogen in ihren Wagen und Karren, damit später keine kostbare Zeit verstrich. Fliegeralarm hatten wir ungefähr dreimal am Tag und einmal pro Nacht. So vergingen drei Monate. Mittlerweile war Fastenzeit, und ich ging jeden Tag in die katholische Kirche, um dort Stille im Gebet zu finden. Das Leben war so unruhig im Moment, unser Schicksal so unbestimmt, alles konnte jederzeit vorbei sein. Dies war mir ständig bewusst.

Ende März sollten wir Ostern feiern. Deshalb ging meine Mutter am Karfreitag zur Beichte, mein Vater und ich blieben bei den Kindern. Wegen der Kleinen konnten wir nur abwechselnd in die Kirche gehen, und ich hatte vor, mit meinem Vater am nächsten Morgen ganz früh die Auferstehungsmesse zu besuchen, die wegen der Luftangriffe nicht nachts stattfinden sollte. Am Samstag vor Ostern klingelte mein Wecker um fünf Uhr morgens. Mein Vater musste schon unterwegs sein, und ich wollte ihn einholen. Ich blickte hinauf zum Fenster meiner Mutter. Nichts rührte sich. Alle schliefen noch. Mir lief ein Schauer über den Rücken, und ich fühlte mich so seltsam, wie noch nie zuvor. Ich konnte nicht ausmachen, was der Auslöser war, doch auf einmal wollte ich nicht mehr zur Kirche, ich wollte zu meiner Mutter. Doch wie sollte ich sie erreichen, ohne das ganze Haus aufzuwecken. Klingeln konnte ich schlecht.

Ich versuchte über den Zaun zu klettern, schaffte es aber nicht. Also doch zur Kirche. Doch nach einer Weile schon machte ich wieder kehrt: Aus einem unerklärlichen Grund wollte ich unbedingt zu meiner Mutter. Ich rief hinauf zu ihr, so leise ich konnte und endlich kam sie ans Fenster. «Wirf mir den Schlüssel runter!» Doch den einzigen hatte sie meinem Vater mitgegeben, und der war schon lange unterwegs. So blieb mir nichts anderes übrig, als zur Kirche zu gehen. Wie von einer geheimnisvollen Kraft getrieben, lief ich das ganze Stück bis zur Kirche und holte meinen Vater am Portal ein.

Nach der Messe gingen wir in ein Bekleidungsgeschäft, wo wir auf Bezugsschein zwei wunderschöne Kleidchen für die Kleinen, Hildegard und Katharina, erwarben. Das sollte ihre Osterüberraschung werden. Wir waren gerade beim Bezahlen, als die Sirenen ertönten. Auf der Straße waren hastige Schritte zu hören, alle liefen so schnell wie möglich in den nächsten Luftschutzraum. Die Leute sagten, heute sei nicht nur Alarm, heute würden Bomben fallen; es hatte wohl schon erste Treffer gegeben. Wieder andere erzählten, dass sie abgeworfene Flugblätter gefunden hätten, auf denen stand: «Brandenburg, ihr Roten, ihr seid die letzten Toten». Buchstäblich in letzter Minute erreichten wir den Bunker, die Bombardierung Brandenburgs durch die Amerikaner hatte begonnen.

Der Himmel wurde dunkel, so viele Flugzeuge, so viele Bomben im Fall. Es war schrecklich, der Lärm unbeschreiblich, das Wackeln und Vibrieren der Einschläge immerfort zu spüren. Wir kauerten dicht beisammen und hielten vor Anspannung den Atem an. Die Angst stand in den Gesichtern der Menschen im Keller, es war hoffnungslos. Und ich war mir sicher, dass wir jetzt sterben müssten. Viele Menschen weinten, einige beteten und drückten ihre Angehörigen an sich. Andere hielten sich bei den Händen. Mein Vater und ich hielten uns angefasst, und ich dachte immer nur an meine Mutter, daran, wie sie allein mit den Kindern weiterleben sollte. Ich glaubte, dass dies unser Ende war. Mein Vater und ich würden diesen Bunker wohl nicht lebend verlassen. «Lieber Gott, sei uns gnädig», wie würde wohl der Tod sein? Draußen wurde der Lärm immer stärker, dumpfes Dröhnen, metallisches Pfeifen und Krachen, die Welt ging unter, und wir konnten es nicht verhindern. Bloß nicht unter Trümmern und Steinen liegen, bitte nicht. Wir rechneten jeden Moment damit, dass der Bunker über uns zusammenbrechen würde. Die Wände bebten mit jedem Bombeneinschlag, und plötzlich hieß es: «Wir sind verschüttet».

Was allen wie ein Albtraum vorkam, dauerte vielleicht eine Viertelstunde, doch dann konnten wir hinaus. Von außen hatte ein Räumkommando den Weg frei gemacht. Der Anblick, der sich uns bot, war entsetzlich: überall Berge von Glas, Schutt und Trümmern. Die Häuser waren ganz oder teilweise eingestürzt. Dann gab es Entwarnung, und die Menschen eilten in alle Richtungen davon. Wir gingen zum Ratsweg, kamen jedoch nicht durch. Der Ratsweg sei gesperrt, wurde uns gesagt, dort sei alles zugeschüttet, es gebe eine Umleitung, aber auch dort lägen noch Blindgänger. Wir versuchten es in alle Richtungen, aber es war kein Durchkommen. In Windeseile verbreiteten sich Gerüchte. Den Bäcker und den Gemüsehändler in unserer Straße soll es getroffen haben. Beide Geschäfte seien verschüttet. O Gott, was hieß das? Der Laden der Öhls, unser Haus lag genau dazwischen. Wo war meine Mutter? Irgendwann sah ich die Frau und den Sohn des Gemüsehändlers aus den Trümmern steigen, und diesen Anblick werde ich nie vergessen. Sie waren nicht wiederzuerkennen. Völlig mit Asche bedeckt, hatten sie den verstörten Blick von Geisteskranken, schienen aus einer anderen Welt zu kommen. Auf den Gesichtern war das Grauen. Ich hätte es nicht für möglich gehalten, was ich da sah. Jedes einzelne Haar stand ihnen kerzengerade auf dem Kopf.

Plötzlich hörten wir, das Haus der Öhls habe einen Volltreffer abbekommen. Die Familie Öhls und die Flüchtlinge hätten es bisher nicht aus den Trümmern geschafft. Sie waren nicht im Bunker gewesen, sondern im Keller des Hauses. Eine Frau erkannte mich, wollte mich festhalten. Ich riss mich los und rannte zu dem Haus, mein Vater kam hinterher. Die Helfer vom Roten Kreuz waren schon dabei, die Trümmer wegzuräumen, um Menschen zu bergen. Ich sah meine achtjährige Schwester Katharina, wie sie aus den Trümmern gezogen wurde, sah, wie sie noch einmal Luft holte und starb. Die Helfer legten sie auf eine Bahre und deckten sie zu. Dann holte man Hilchen aus den Trümmern, auch tot. Meine kleinen Mädchen, für die ich doch wie eine zweite Mutter war. Mein Hilchen, an dem ich soviel Freude hatte, das ich hübsch frisiert und angezogen, das ich ermahnt hatte, sich schön aufrecht zu halten. Was war ich stolz gewesen, wenn die Leute mich für die Mutter der beiden gehalten hatten. Wie konnte das alles nur sein? Ich konnte es nicht fassen, nicht glauben, was ich da sah. Und dann trug man meine Mutter heraus. Auch sie tot. O Gott, warum nur? Warum sie alle? Ich war wie gelähmt. Mein Vater saß auf dem Trümmerhaufen. Das Gesicht in die Hände vergraben, weinte er bitterlich. Die Tasche mit den beiden Kleidchen lag neben ihm. Frau Seidemann kam herbeigeeilt, nahm mich in den Arm und drückte mich lange und fest. Diese Umarmung spüre ich bis heute.

Die Menschenmenge zerstreute sich. Ich weiß nicht, wie lange wir auf dem Trümmerhaufen saßen. Unsere Toten lagen vor uns auf den Bahren. Irgendwann erhob sich mein Vater und ging zur Post, um meinem Bruder Anton zu telegrafieren. Als er weg war, kam der Briefträger und übergab mir drei Briefe.

Sie waren von Anton. Jeder Brief enthielt eine Osterkarte: eine für mich, eine für Katharina und eine für Hilchen.

Ich schaute mich um. In den Trümmern fand ich den Rosenkranz und das Gebetbuch meiner Mutter. Meine Mutter hatte jeden Tag den Rosenkranz gebetet. Ich drückte diese Dinge an mich und wollte sie aufbewahren wie Reliquien.

Ein Lastwagen kam langsam in den Ratsweg gefahren, um die Toten einzusammeln. Als der Laster bei mir hielt, warf ich mich auf meine Mutter. Ich wurde von Schreikrämpfen geschüttelt und konnte sie nicht loslassen. Ich schrie: «Mama, Mama, was soll ich nur machen?» Der Beifahrer stieg aus, löste mich von dem leblosen Körper meiner Mutter und schob mich zur Seite. Die Toten wurden aufgeladen und zur Polizeistelle gebracht, wo sie in einer großen Halle ausgelegt wurden.

Als mein Vater von der Post kam, gingen wir in die Halle, in der die Toten lagen. Ein einziges Bombardement von 15 Minuten hatte an diesem Tag in Brandenburg 2000 Tote gefordert, ausschließlich Zivilisten. Diese Toten waren nun hier aufgereiht, nach Namen geordnet. Wir knieten nieder und beteten. Wie es nach katholischem Brauch üblich ist, bestellten wir eine Messe und nahmen Weihwasser aus der Kirche mit. Jeden Tag besuchten wir unsere Toten, besprengten sie mit Weihwasser, knieten nieder und beteten, ihre Seelen mögen endlich Frieden finden. Ich nahm Abschied von meiner Mutter, Margarete Hecker, von meinen Schwestern Katharina und Hildegard.

Die Bombenangriffe häuften sich. Jetzt kamen auch noch Tiefflieger, und das hieß, wir mussten viele Stunden im Bunker verbringen, konnten keine Totenwache mehr halten. Schließlich wurden unsere Toten von Amts wegen beigesetzt: Sie hatten gemeinsam einen Sarg bekommen und lagen nun auf dem Ehrenfriedhof für Kriegsopfer in Marienberg, Feld 6, Grabstelle 64.

Bis zum Tode meiner Angehörigen hatte ich immer Angst auf Friedhöfen gehabt und mich vor der Dunkelheit gefürchtet. Ich weiß noch, wie ich in unserem Heimatdorf München immer vermieden hatte, abends im Dunkeln über den Friedhof zu gehen oder auch nur daran vorbeizulaufen. Diese Angst war schlagartig verschwunden. Der Friedhof ist für mich bis heute ein Ort der Ruhe, der zum Spaziergang und zum Gebet für die Verstorbenen einlädt. Damals wachte ich manchmal nachts auf und durchsuchte das ganze Zimmer. Ich wünschte mir nichts sehnlicher, als noch einmal meine Mutter zu sehen. Sie ist mir nicht erschienen. Nicht einmal in meinen Träumen habe ich sie jemals wieder gesehen.

Die russische Front rückte näher. In Berlin sollte es bereits Straßenkämpfe geben. Irgendwann hieß es, Berlin sei gefallen. Brandenburg wurde nun überflutet von einer neuen Flüchtlingswelle. Alle strömten Richtung Elbe, wo am anderen Ufer die Amerikaner standen und solange dort bleiben würden, bis die Russen gleichfalls das Elbufer von Osten erreicht hatten. Auch Frau Seidemann machte sich mit ihrer Freundin auf den Weg. Ich bekam für einige Tage eine andere Unterkunft, denn die Wohnung von Frau Seidemann wurde neuen Flüchtlingen zugewiesen. Der Verlust fast meiner ganzen Familie lähmte mich. Ich fühlte mich kraftlos. War ich im Winter noch die treibende Kraft gewesen, die meine Eltern zur Flucht aus Küstrin bewegt hatte, so fiel ich jetzt in ein dunkles Loch. All die Anstrengung auf mich nehmen, wozu denn noch? Ich wollte aus der Welt verschwinden, hinter hohen Mauern meine Tage verbringen. Nur noch Tote waren zu beklagen, kleine und große. Ich betete für die kleinen Kinder, denen der Krieg die Eltern genommen hatte und denen es noch schlechter ging als mir.

Es war schon Ende April, als wir uns dem Strom der Flüchtlinge anschlossen. Elf russische Panzer waren nach Brandenburg vorgestoßen. Häuser brannten. Am Abend war der ganze Himmel hell erleuchtet. Mein Vater und ich schnappten unsere Rucksäcke und mischten uns unter die Menge. Viele Flüchtlinge waren völlig verstört. Manche waren nur knapp den Flammen entkommen, manche hatten sich aus brennenden Häusern oder aus den Trümmern gerettet und sich sofort auf die Flucht begeben. Nichts als Himmel und Menschen sah man in dieser Nacht, ein nicht endender Strom gehetzter, verzweifelter Menschen.

Für mehrere Tage gingen wir nun zu Fuß, verspürten weder Hunger noch Durst und wurden auch nicht müde. Wir gingen einfach immer weiter, nur weiter, nur fort. Am dritten Tag hörten wir irgendwo eine Lautsprecherdurchsage: «Adolf Hitler ist infolge einer schweren Kopfverwundung gefallen.» Wir dachten, jetzt ist der Krieg vielleicht zu Ende, doch immer noch hörten wir den Lärm der Geschütze, die Kämpfe gingen unvermindert weiter. Nach einer Woche Fußmarsch erreichten wir schließlich die Elbe. Der nächstgelegene Ort hieß Fischbeck im Landkreis Stendal. Hier, vor Fischbeck, direkt am Elbufer blieben wir drei Tage. Auf der anderen Seite standen die Amerikaner.

Dreimal am Tag kamen sie mit einer Fähre an unser Ufer und brachten Flüchtlinge auf ihre Seite. Es ging alles nur sehr langsam, und nur wenigen gelang es, auf diese Weise nach drüben zu kommen. Wir bildeten eine Schlange, in der streng darauf geachtet wurde, dass es auch ja der Reihe nach ging. Dann kamen zu allem Überfluss auch noch deutsche Soldaten, Hunderte an der Zahl, und das Chaos war komplett. Die Menschen waren nervös, ungehalten und gereizt. Niemand wusste, warum die Soldaten hier waren. Hatten sie kapituliert oder wollten sie kämpfen? Einige munkelten, sie würden sich mit den Amerikanern verbünden und gegen die Russen kämpfen. Da hieß es, sie sollten ihre Waffen niederlegen und über die Brücke ans andere Ufer gehen. Diese Brücke war bereits stark beschädigt. Ich nehme an, dass man sie schon einmal zu sprengen versucht hatte. Jetzt stand die Brücke unter Beschuss, und trotzdem versuchten Unzählige auf diesem Weg auf die andere Seite zu gelangen. Plötzlich jedoch zerbarst alles vor meinen Augen, die Brücke war gesprengt, obwohl sie überfüllt war mit Fußgängern. Der Anblick war unvorstellbar. Das Geschrei der Menschen ging mir durch Mark und Bein. Im blutrot gefärbten Wasser schwammen Trümmer, Leichen, Überlebende, Verwundete. Um uns herum wurde geschossen, immer heftiger, es entbrannte eine Schlacht. Wir waren mitten in der Schusslinie und konnten nicht ausmachen, wer auf wen schoss, woher die Schüsse kamen. Die Splitter regneten wie Hagelschauer auf uns nieder. Überall lagen Verletzte, man hörte Schreie, Flehen und Jammern. Ein Soldat mit Bauchschuss schrie erbärmlich und bäumte sich auf, doch niemand konnte ihm helfen. Am Boden lag eine Frau, hochschwanger, und jammerte: «Einen Schluck Wasser, bitte Wasser.» Auch ihr konnte niemand helfen. Dann wieder sahen wir ganze Ladungen von Lebensmitteln der kapitulierenden Soldaten ausgekippt am Boden liegen, Pferde und Kühe liefen frei und verstört umher.

Mein Vater holte einen Spaten aus seinem Rucksack und hob schnell so gut es ging einen Graben aus, der sich jedoch sogleich mit Wasser füllte. Er legte sich in den Matsch und ich mich auf ihn drauf. Dies sollte uns Schutz bieten vor dem Splitterhagel. Unsere Kleidung war völlig zerfetzt. Die Konservendosen in meinem Rucksack waren durchlöchert, und ihr Inhalt lief mir den Rücken hinunter. Fünf Stunden lagen wir so im Matsch, und nur durch ein Wunder sind wir unversehrt geblieben. Dann hielt es mein Vater nicht mehr aus und kroch aus dem Graben, ich legte mich in den Matsch. Unablässig betete ich zur Muttergottes, die, da ich ja nun keine Mutter mehr hatte, meine letzte Beschützerin war. Ich betete zu ihr:

«Lass mich nicht verkrüppelt werden, lass mich lieber schnell sterben, nicht hier im Dreck verbluten.»

Langsam ließ das Schießen nach. Die Fähre stand noch da, und wir wären an der Reihe gewesen, sie zu besteigen. Doch jetzt wurden Verwundete gebracht, die vor uns auf die Fähre sollten. Ich drehte mich um und sah ganz in meiner Nähe einen russischen Soldaten mit Maschinengewehr. Die Angst fuhr mir in die Knochen. Ich dachte nur, nein das jetzt nicht, keiner von diesen Russen. Der Soldat kam mir vor, als wäre er direkt der Hölle entstiegen. Nicht, dass er dreckig war, das waren wir auch. Es war auch nicht seine Kleidung, die russische Steppjacke und der mir bekannte Helm. Es war sein Blick, der nichts Gutes verhieß, etwas Unmenschliches lag darin. Ich sah ihn kurz an und dachte nur: So einer wird dich jetzt vergewaltigen. «Liebe Muttergottes, bewahre mich davor, vergewaltigt zu werden, lass mich lieber sterben.» Der russische Soldat versuchte zur Fähre durchzukommen, die anderen lösten jedoch schnell das Tau und die Fähre trieb vom Ufer weg. Er griff zum Maschinengewehr und begann zu schießen. Wir bückten uns unwillkürlich, bis wir sahen, dass er auf eine Gruppe deutscher Soldaten geschossen und auch getroffen hatte. Er hatte sie alle, bis zum letzten Mann erschossen, und dem mit dem Bauchschuss gab er den Gnadenschuss. Ich war entsetzt und dachte: Das sind jetzt also die Sieger. So sehen sie aus.

Viele Menschen um uns herum liefen einfach ins Wasser. Sie versuchten schwimmend das andere Ufer zu erreichen. Manche hatten Schwimmgurte, die meisten stürzten sich ohne Hilfsmittel in die Elbe. Hier wurden sie aber sogleich stark abgetrieben, der Fluss hatte eine starke Strömung. Dann kamen die Panzer und mit ihnen unzählige russische Soldaten. Sie riefen immer nur: «Ur, Ur, Ur.» Ich verstand nicht. Mein Vater sagte, das soll «Uhr» heißen. Sie wollten Uhren haben. Die

Frauen hielten ihnen ihre Armbanduhren und ihren Schmuck entgegen. Sie nahmen alles mit.

Danach kam ein russisches Flugzeug und landete in Ufernähe. Von der anderen Elbseite setzte sich gleichfalls ein Fahrzeug über das Wasser in Bewegung: Hier trafen sich also Russen und Amerikaner. Hände wurden geschüttelt, man umarmte und drückte sich.

War das das Ende des Krieges? War das jetzt der Frieden für uns? Wir wussten nicht recht, was wir davon halten sollten, ahnten aber, dass es nicht gut um uns stand. Mehr als eine Woche hielten wir uns jetzt unter freiem Himmel auf und wussten nicht, wohin. Wir gingen zurück vom Elbufer in das nächstgelegene Dorf, wo wir eine Wasserpumpe fanden und uns ein wenig waschen konnten. Hier wollten wir auch übernachten. Obwohl die Bauernhäuser leer standen, wollte niemand dort hinein, denn wir wären hier nur eine allzu leichte Beute für die Russen gewesen. Deshalb suchten wir Frauen uns eine Scheune aus. Eine junge Frau sagte zu mir: «Komm, wir legen uns hierher.» Aber ich wollte lieber in der Nähe des hinteren Ausgangs bleiben, um eine Fluchtmöglichkeit zu haben. Alle hatten Angst vor Vergewaltigungen. Meinen Vater schickte ich weg. Ich wollte nicht, dass er in meiner Nähe blieb und womöglich mit ansehen musste, wie ich vergewaltigt wurde. Er suchte sich eine Übernachtungsmöglichkeit vor der Scheune hinter einem Holzhaufen. Als es dunkel wurde, kamen die Russen mit Taschenlampen und riefen: «Sind hier junge Frauen?» Sie zogen die Decken von den Frauen und schleppten die laut Schreienden aus der Scheune. Ich sagte zu der Frau neben mir: «Wir müssen hier weg.» Wir haben uns hinaus geschlichen und verbrachten die Nacht im Kornfeld, jede in eine Decke gehüllt. Ich habe gefroren wie selten, doch mir ist nichts passiert. Die ganze Nacht hörten wir das Geschrei der Frauen, es war grausig. Am nächsten Morgen suchte ich meinen Vater. Die Menschen waren entweder bereits aufgebrochen oder im Aufbruch begriffen. Sie wollten zurück in ihre Heimatorte. Nur wenige wollten versuchen in Richtung Süden zu gehen. Wo sollten wir hin?

Geschützsalven, Schüsse in die Luft und die Russen riefen «Pobeda», was «Sieg» bedeutet. Sie fingen an zu singen und riefen immer wieder: «Wir haben gesiegt. Der Krieg ist zu Ende.» Ich fragte meinen Vater, welches Datum wir hatten. Es war der 9. Mai. Dieser Tag sollte in die Geschichte eingehen, zum größten Staatsfeiertag in der Sowjetunion werden. Für mich jedoch bedeutete dieser Tag das Ende meiner Zukunft.

Verloren unter Fremden

Wir standen nun vor der Frage: Wohin? Ich wollte in Richtung Süddeutschland gehen, es zumindest versuchen. Wir könnten uns als Pfälzer ausgeben, die auf dem Weg nach Hause waren. Mit unserer Mundart waren wir recht glaubwürdig, und Papiere hatten wir ohnehin keine mehr. Mein Vater war zunächst nicht abgeneigt. Doch dann hatte er einen besseren Plan: «Weißt du was, wir holen uns einfach ein paar von den herumstreunenden Lastpferden. Die wird man uns nicht wegnehmen, denn die Russen brauchen nur Reitpferde. Wenn wir mit einem Pferdegespann durchs Land ziehen, fallen wir nicht so auf. Und wir ziehen nach Perleberg, Kreis Prignitz. Dort sind viele unserer Landsleute aus Odessa, auch Verwandte. Wir schließen uns ihnen an, das ist besser, dann sind wir nicht so allein.» Ich war strikt dagegen, habe mich aber nach langem Hin und Her seiner Entscheidung gebeugt. Am Ende hatte ich weder die Kraft noch den Mut, mich seiner Entscheidung zu widersetzen. War es Resignation? War es die Angst, auch noch meinen Vater zu verlieren? So genau weiß ich es bis heute nicht. Ich weiß nur noch, dass sich alles in mir sträubte, gen Norden nach Perleberg aufzubrechen, in unser Verderben, wie sich bald herausstellen sollte. Es fällt mir bis heute schwer, die Entscheidung meines Vaters zu verstehen. Er war ein ängstlicher Mensch, was kein Wunder ist bei den Erfahrungen, die er gemacht hat. Er hätte sich bei seinen Landsleuten wirklich sicherer gefühlt. Er meinte, von den Russen bei einem Fluchtversuch erwischt zu werden, sei das größere Übel. Was er nicht ahnte: Seine Entscheidung führte uns direkt in ihre Arme.

Und so saßen wir schon bald wieder auf einem Wagen. Seit gut einem Jahr waren wir nun auf der Flucht. Wie viele Orte, wie viele Menschen in Bewegung hatten wir gesehen, wie viel Verzweiflung um uns herum, die allmählich auch auf uns übergriff.

Wir fuhren den ganzen Tag bis in den späten Nachmittag durch eine scheinbar friedliche Landschaft. Wir waren fast in Kyritz angekommen, als uns zwei russische Soldaten auf Fahrrädern entgegenkamen. Einer rief dem anderen auf Russisch zu: «Sieh mal, das Mädchen auf dem Wagen. Die reicht doch für uns beide!» Ich klammerte mich an meinen Vater. Panik stieg in mir auf, ich würde doch nicht verschont bleiben. Als sie mich vom Wagen ziehen wollten, begann mein Vater auf Russisch sie anzuflehen, sie mögen mich doch in Ruhe lassen. Die Russen wunderten sich zuerst, dass mein Vater russisch sprach, begriffen aber schnell, dass wir Deutsche aus Russland waren. «Nix da», riefen sie, «das Mädchen spricht nicht russisch, die Faschistin. Wir machen dich schwanger. Dann kannst noch lange an uns denken, wenn du erst mal einen Russen zur Welt bringst.» Ich nahm alle Kraft zusammen und schrie so laut ich konnte und so gut meine Russischkenntnisse es zuließen: «Ich schwöre bei Gott, dass ich in der Ukraine geboren bin!» Sie ließen von mir ab, doch meinen Vater wollten sie sofort abführen zum Verhör. Ich klammerte mich an seinen Hals, ließ ihn nicht los. Dabei schrie ich so laut ich konnte.

Wir kamen zu Deutschrussen aus Odessa auf einen verlassenen Bauernhof. Frau Vetsch hatte fünf Kinder. Sie machte Näharbeiten für die Russen. Hier bei Frau Vetsch blieb ich über Nacht. Als mein Vater am nächsten Morgen immer noch nicht auftauchte, machte ich mich auf, ihn zu suchen. Ich ging in Begleitung von zwei Kindern meiner Gastfamilie, die etwa in meinem Alter waren. Die Russen waren nun überall, beherrschten die Lage. Es waren aber auch noch sehr viele Flüchtlinge unterwegs, die hier in Kyritz übernachtet hatten, um am nächsten Tag ihren Fußmarsch fortzusetzen. Immer wieder begegneten wir Frauen, die weinten und Qualen litten, weil sie vergewaltigt worden waren. Dieses Schreckgespenst der Vergewaltigung verfolgte mich ständig. Nach allem, was mir innerhalb so kurzer Zeit an Schmerz und Leid widerfahren war, hätte ich, so schien es mir, eine Vergewaltigung nicht überlebt. Lieber wollte ich sterben, auch wenn ich erst 16 war.

Ich kam in das Sprechzimmer eines russischen Offiziers, während meine Begleiter draußen warteten. Ich bat den Russen, meinen Vater freizulassen. Mein Vater sei kein Soldat, sondern ein kranker Mann, der keinem etwas zuleide getan habe. Während ich redete, legte der Offizier seine Hand auf mein Bein und schob sie unter meinen Rock. Ich schrie Zeter und Mordio, dass mein Vater in der Gefangenenzelle gegen die Tür zu schlagen begann. Draußen versuchte der Junge, der mich begleitet hatte, mir zu Hilfe zu kommen, wurde jedoch von einem Soldaten zurückgehalten. Von dem Geschrei beeindruckt, ließ der Offizier von mir ab, meinte, er habe mich nur streicheln wollen. Schließlich nahm er mich ins Verhör. Ich sollte ihm sagen, wer in unserem Dorf Bürgermeister während der deutschen Besatzung, wer beim Selbstschutz war, wer von unseren Leuten zur Wehrmacht oder SS eingezogen worden war und dergleichen mehr. Ich antwortete korrekt, dass ich zu dem Zeitpunkt doch erst 13 Jahre alt gewesen sei und nur wenig mitbekommen habe. Der Offizier glaubte mir nicht. Ich durfte meinen Vater kurz sehen und sollte am nächsten Tag wiederkommen. So ging ich mit meinen Begleitern wieder zurück zu Frau Vetsch.

Inzwischen hatten wir keine Lebensmittelkarten mehr, der Hunger aber blieb. Es war kaum auszuhalten. Der Sohn von Frau Vetsch bekam für die Näharbeiten seiner Mutter Fleisch. Und so ernährten wir uns wochenlang ausschließlich von gekochtem Rindfleisch, das wir ohne Beilagen, ohne Sauce verzehrten.

Als ich am nächsten Tag meinen Vater wieder besuchte, bat er mich, bei ihm zu bleiben. Er musste damit rechnen, an einen anderen Ort gebracht zu werden und wollte mich nicht aus den Augen verlieren. Seine Angst, auch noch mich zu verlieren, war übergroß. Die russischen Wachsoldaten hatten nichts dagegen, dass ich blieb. Mir war es zwar nicht ganz geheuer, allein unter Männern hier über Nacht zu bleiben, aber mein Vater war ja bei mir. Die Gefangenen wurden täglich mehr, fast alles Deutsche aus dem Odessagebiet. Wie sich herausstellte, wurden sie hier gesammelt.

Als ich in dieser Nacht an meinen Vater gedrückt dalag, hörten wir die russischen Soldaten kommen. Ich nahm mir vor, mich mit aller Kraft zu wehren, auch wenn es mein Leben kosten sollte. Ich wollte nur nicht gedemütigt, geschändet und gequält werden. Schon hörte ich die Soldaten darüber streiten, wer mich als erster vergewaltigen sollte. Ich spürte ein Tasten, es war furchtbar. Ich zitterte vor Angst und sah meine letzte Stunde nahen. Dann plötzlich vernahm ich einen aggressiven Wortwechsel, die Soldaten hatten anscheinend Streit. Es klang wie eine Rangelei, dann löste sich plötzlich ein Schuss, der den Offizier aus dem Schlaf riss. Darauf ließen die Soldaten von ihrem Plan ab, und wieder einmal blieb ich unversehrt. Dass ich solches Glück im Unglück hatte, konnte ich nur auf meine unaufhörlichen Gebete zurückführen. Auch hörte ich, dass Vergewaltigungen offiziell verboten worden waren. Die vielen misshandelten Frauen, die wir immer wieder trafen, zeugten indessen fürs Gegenteil.

Nach diesem Erlebnis beschloss ich, zu Frau Vetsch zurückzugehen, wo ich relativ sicher war, auch wenn es mir schwerfiel, mich von meinem Vater zu trennen. Wie ich befürchtet hatte, wurde bald darauf mein Vater mit den anderen Gefangenen weggebracht, und ich wusste nicht, wohin. Ich hatte nun also, so schien es mir, auch ihn verloren.

Zu beschreiben, wie es mir damals seelisch ging, fällt mir nicht leicht. Es gab auf der einen Seite keine Zeit, keine Ruhe, den Verlust und Schmerz zu verarbeiten. Weinen konnte ich nicht mehr, zu viele Tränen hatte ich vergossen. Wie sich herausstellen sollte, hatte ich eine Augenkrankheit, für die es unter den gegebenen Umständen keine Heilung gab. Die Krankheit hat in meiner Augenhornhaut Narben hinterlassen, über die sich die Ärzte noch dreißig Jahre später wundern sollten und die meine Sehkraft erheblich gemindert haben. Ich konnte nicht mehr ins Helle blicken und trug immer eine Sonnenbrille. Ich war angespannt und hatte Angst, Angst vor Vergewaltigung und Misshandlung, Angst um meinen Vater. Angst vor der Zukunft hatte ich allerdings nicht, vor welcher Zukunft denn? Den Tag zu bestehen, das war mein Ziel, mehr nicht. Obwohl ich gerade einmal 17 war, hätte viel für einen kurzen, schmerzlosen Tod gegeben. Manchmal betete ich darum. Das Gebet war in dieser Zeit mein einziger Halt, die einzige Möglichkeit, meine Gedanken zu beruhigen und auf etwas Wesentliches, nämlich auf Gott hin, zu konzentrieren.

Frau Vetsch war gut zu mir und behandelte mich wie ihre eigenen Kinder. Das gab mir ein wenig Sicherheit. Damals war es wichtig, Verbündete zu haben. Ganz allein war man viel angreifbarer. Zum Beispiel kam eines Tages der Offizier, der mir schon einmal zu nahe gekommen war, um mich abzuholen. Ich sollte bei ihm sauber machen. Ich sagte «nein» und dass ich nur in Begleitung der Kinder von Frau Vetsch gehen würde. Zwei Kinder kamen also als mein Begleitschutz mit, und wir machten gemeinsam sauber. Ich fragte natürlich immer wieder nach meinem Vater, bekam aber nie eine Antwort. Als wir einmal Kartoffeln vom Feld holten, kam der Offizier wieder vorbei und forderte mich auf, zu ihm auf den Wagen zu steigen. Erneut weigerte ich mich und schrie in gebrochenem Russisch, er solle mir meinen Vater wiedergeben.

Der Zustand, in dem ich lebte, war wie ein Albtraum, aus dem es kein Erwachen gab. So vergingen drei Wochen, ohne dass ich irgendwas von meinem Vater hörte. Eines Tages kamen die Russen und brachten uns alle in ein Sammellager, wo ich zu allem Überfluss sofort die Krätze bekam, deren Juckreiz kaum erträglich ist. Die zwei kleinen Jungen der Familie Vetsch waren ebenfalls betroffen. Schließlich kamen wir in das Sanitätszelt, wo wir uns duschen und gründlich waschen sollten. Dann wurden wir behandelt, dabei aber ständig beschimpft, wie dreckig und ungepflegt wir waren. Wie hätten wir uns aber pflegen sollen? Ich hatte nur Wäsche zum einmaligen Wechsel und sonst überhaupt kein Gepäck. Auch gab es seit unserer Flucht aus Brandenburg keine richtige Waschgelegenheit mehr für uns.

Eines Tages bekamen wir im Sammellager Besuch von dem Ehemann einer Internierten. Er berichtete von einem großen Männerlager für Schwarzmeerdeutsche bei Brandenburg. Er kam direkt von dort und brachte einen ganzen Rucksack voll kleiner Zettel mit, die er alle vor uns ausbreitete. Das waren die Suchmeldungen der Männer, die nach ihren Angehörigen Ausschau hielten. Ich fand tatsächlich einen Zettel, auf dem stand: «Ich, Johannes Hecker, suche meine Tochter Magdalena Hecker, geb. 27.5.28 und meinen Sohn Anton Hecker, geb. 1926.» Ich war überglücklich, ein Lebenszeichen von meinem Vater bekommen zu haben. Aber wie sollte ich zu ihm kommen? Da noch andere von uns Angehörige unter den Zetteln ausfindig gemacht hatten, taten wir uns zusammen, um uns gemeinsam auf den Weg nach Brandenburg zu machen. Wir waren zu viert: eine junge Frau, die zu ihrem Ehemann wollte, ein junges Mädchen, das seinen Vater suchte, und ein junger Mann, vor kurzem noch in der Wehrmacht, der ebenfalls hoffte, seinen Vater in Brandenburg zu treffen.

Unser Weg führte über schmale Pfade und Schleichwege Richtung Brandenburg. Wir versuchten, jede größere Straße zu meiden, um keinem russischen Soldaten zu begegnen. An einem kleinen Bahnhof schlichen wir in einen Güterwaggon, der uns ein Stück weiterbrachte. In dem Waggon wurde anscheinend Kohle transportiert, denn wir waren alle ganz rußig. Die Nacht verbrachten wir in dem verlassenen Häuschen eines Schrankenwärters. Der junge Mann in unserer Gruppe wollte die Beschützerrolle übernehmen und für den Fall, dass wir entdeckt würden, vorgeben, ich sei seine Freundin, das andere Mädchen die Schwester und die Frau seine Tante. Ein schwacher Trost für uns, denn wie wir nur allzu gut wussten, blieben die Russen von Verwandtschaftsgraden ihrer Opfer völlig unbeeindruckt. Am nächsten Tag sprangen wir wieder auf einen Güterzug, der bis nach Berlin fuhr. Das erste Stück zurück nach Potsdam hatten wir gut hinter uns gebracht, doch plötzlich kamen wir nicht weiter. Unweit des Bahnhofs war das Gelände von russischen Soldaten großräumig abgesperrt, sie standen dicht an dicht, die Gewehre schussbereit im Anschlag. Es gab keinen Durchlass für Passanten. Der Grund war, dass ganz in der Nähe (es muss das Schloss Cäcilienhof gewesen sein) die Potsdamer Konferenz stattfand. Sogar Stalin, erzählte man, sei anwesend, und die Siegermächte nun dabei, Deutschland aufzuteilen. Es war der 17. Juli 1945, und ich befand mich ohne es zu wissen auf dem Schauplatz europäischer Nachkriegsgeschichte. Noch heute sehe ich mich, verloren, 17-jährig vor dem Schloss Cäcilienhof. Hätte ich gewusst, dass die Beschlüsse von Potsdam mein Leben so prägen sollten … Was für viele einmal bloßer Lernstoff werden sollte, hat mein Dasein zerfurcht und meine Leben aus der Spur getrieben. Wirklichen Frieden hatte Potsdam nicht gebracht. Im Gegenteil, gleich nach dem Ende des «heißen» Krieges entbrannte hier der kalte.

«Ihre Papiere!» Das war leichter gesagt als getan. Schließlich hatte ich sie eingenäht und gab nun vor, keine mehr zu haben. Meine Begleiter aber zeigten ihre Ausweise und wurden von dem russischen Soldaten barsch darauf hingewiesen, dass hier kein Durchkommen sei. Wir sollten verschwinden, dahin wo wir hergekommen waren. «Euch schwarzmeerdeutschen Verräter bringen wir alle nach Sibirien.»

Wir beobachteten das Schauspiel noch eine Weile: Soldaten in Paradeuniform, das Presseaufgebot, die eleganten Staatskarossen. Dann machten wir kehrt und fuhren nach Berlin zurück. Im Stadtzentrum konnten wir die Wachsoldaten der vier Siegermächte beobachten. Die Fahnen von England, Frankreich, den USA und der Sowjetunion waren gehisst, und die Soldaten standen sich gegenüber. Ein weiterer Schauplatz der Geschichte – und ich mittendrin.

Hier, mitten in Berlin, begegneten wir vielen Ukrainern, die zur Armee von General Wlassow gehörten. Sie hatten an Deutschlands Seite gegen die Sowjetarmee für eine unabhängige, nichtkommunistische Ukraine gekämpft. Die ukrainischen Soldaten standen jetzt als Kollaborateure da und mussten mit härtester Bestrafung durch die Russen rechnen. Sie überlegten, wie sie auf die amerikanische Seite kommen konnten, wollten den Moment der Wachablösung abwarten. Ihre Lage war offensichtlich verzweifelt, doch obwohl unsere nicht wesentlich besser war, sahen wir für uns keine andere Wahl, als zu unserer Sammelstelle bei Kyritz zurückzukehren. Unverrichteter Dinge machten wir uns auf den Rückweg.

Unser «Ausflug» nach Potsdam und Berlin hatte fast eine Woche gedauert. Wieder bei unserer Sammelstelle angekommen, erwartete mich dort ein Brief meines Vaters, worin er von seiner Verlegung nach Rathenow schrieb. Auch an Frau Vetsch hatte er einen Brief geschickt, in dem er sich für ihre Fürsorge bedankte. Ich überlegte wieder, wie ich nach Rathenow kommen konnte. Der große Sohn von Frau Vetsch, der wie mein Bruder Anton hieß, hatte nämlich herausbekommen, dass einmal am Tag ein Zug dorthin fuhr, und versprach, mich zu begleiten. Er war jetzt mein Beschützer gegen die überall lauernden Soldaten. Frau Vetsch machte uns Reiseproviant fertig, und wir fuhren los.

Als der Zug in den Bahnhof einfuhr, sah ich auf dem Gleis schon meinen Vater, der dort Tag um Tag gewartet und darauf geachtet hatte, bloß keinen Zug zu verpassen, der aus Kyritz einfuhr. Ich erkannte ihn kaum wieder. Er sah ungewaschen und unrasiert aus, hatte einen merkwürdigen Hut auf, um sich gegen die Sonne zu schützen, wie er sagte. Er rauchte. Die Zigarette schockierte mich besonders, denn bei uns zu Hause war Rauchen immer verpönt gewesen. Ich hatte meinen Vater noch nie rauchen sehen und beschwor ihn, damit aufzuhören, wo er doch eine so schwache Lunge hatte. Er gestand mir, dass er Zigarettenstummel aufgehoben hatte – sein Kummer muss wirklich groß gewesen sein.

Noch auf dem Bahnhof fing ich wieder an, ihm meine Fluchtpläne zu unterbreiten. Ich hatte immer noch vor, mit ihm zusammen in die amerikanische Besatzungszone zu gelangen. Er wollte jedoch nicht, hatte Angst und unzählige Einwände. Etwa, dass wir nicht wussten, wo Anton war. Schon seit Monaten hatten wir keine Nachricht von ihm, nur ein Freund konnte uns berichten, dass er noch kurz vor dem Zusammenbruch mit ihm in Pommern eingesetzt war. Es bestand also eine schwache Hoffnung, dass Anton in Russland in Kriegsgefangenschaft war, sofern er überlebt hatte. Mein Vater schloss daraus, wir würden Anton nie wieder finden, wenn wir weglaufen und unsere Identität wechseln würden. Außerdem seien Landsleute aus unserem Dorf und sogar Verwandte ebenfalls hier in Rathenow. Mein Vater brauchte einfach das

Gefühl der Sicherheit, auch wenn diese sich als sehr trügerisch erweisen sollte. Einer Flucht ins Ungewisse gen Westen mochte er partout nicht zustimmen. Ich konnte nicht mehr. Ich musste passen.

Repatriierung

Juli 1945. Sammellager Rathenow. Hier waren wir mit Tausenden unserer Landsleute versammlt und warteten, was geschehen würde. Es fing damit an, dass wir einmal am Tag Erbsensuppe bekamen, in der fast immer Würmer schwammen. Nach anfänglichem Ekel haben wir mit dem Löffel die Würmer weggeschnippt und die Suppe gegessen. Eines Tages kamen die Russen mit amerikanischen Lastern, luden uns auf und brachten uns nach Frankfurt an der Oder. Von dort ging es abermals im Lastwagen über die Weichsel nach Brest, wo wir unter freiem Himmel übernachteten. Die meisten unserer Leute hatten Gepäck dabei, wir hingegen hatten nicht einmal mehr etwas zum Zudecken. Diese Nacht war schrecklich. Überall schrien Menschen, weil sie laufend von den Russen bestohlen wurden. Man nahm ihnen noch das Wenige, was ihnen geblieben war. Aber es kam immer schlimmer: Bei einer Familie war in dieser Nacht ein Säugling gestorben. Da es keine Gelegenheit gab, ihn an Ort und Stelle zu beerdigen, bettete die junge Mutter den leblosen Körper vorerst in einen Koffer. Als ein russischer Soldat nach dem Koffer griff, erhob die junge Frau ein lautes Geschrei, woraufhin der Russe in die Luft schoss, damit Ruhe war. Ein vergebliches Unterfangen, denn Ruhe wollte nicht einkehren, zu groß war die Panik unter den Leuten. Überall wurde gejammert und geschrien. Es herrschte ein heilloses Durcheinander.

Am nächsten Morgen wurden wir in Güterwaggons gebracht, auf denen auf Russisch Parolen standen wie: «Befreit von den Faschisten. Auf, in die Heimat.» Diese Worte waren der pure Hohn und ein Schlag ins Gesicht.

Einige unserer Leute glaubten tatsächlich, es ginge in die alten Dörfer zurück, wohl weil sie seit über einem Jahr unterwegs waren, immerzu auf der Flucht, heimatlos, kraftlos, demoralisiert. Sie sehnten sich nach einem Zuhause. Vielleicht gaben sie sich deshalb dem fatalen Wunschdenken hin. Vielleicht fügten sie sich deshalb ihrem Schicksal und leisteten keinen Widerstand gegen den Rücktransport. Immerhin waren wir 200 000 Menschen, die aus dem polnischen Warthegau in die Sowjetunion verfrachtet wurden. Wie ist es zu dieser Situation gekommen, warum gab es von Seiten der Alliierten keinerlei Unterstützung für diese Zwangsverschickung?

Das Schicksal der Russlanddeutschen wurde schon früh, bereits auf der Konferenz von Jalta vom 4. bis 12. Februar 1945 von Churchill, Roosevelt und Stalin besiegelt. Und noch früher, im Juni 1944, kam es zwischen den amerikanischen und sowjetischen Truppen zum gegenseitigen Austausch ihrer Staatsangehörigen. Im September 1944 schlossen die britischen und sowjetischen Militärbehörden ein Geheimabkommen ab, wonach sich beide Seiten verpflichteten, Kriegsgefangene, aber auch Zivilisten auszutauschen. Das Abkommen sah vor, dass die Auslieferung sowjetischer Staatsbürger «unabhängig von dem Wunsch der Betroffenen, nach Russland zurückzukehren oder nicht», stattfinden sollte. Diesem Abkommen schloss sich der Stab der Alliierten im Gegensatz zur Genfer Konvention vollkommen an. Die Konferenz der drei Großen in Jalta bekräftigte diese Maßnahmen mit dem Abkommen vom 11. Februar 1945. Der Wortlaut des folgenschweren Abkommens wurde erst nach Ablauf eines Jahres der Öffentlichkeit bekanntgegeben, als die sogenannte Repatriierung bereits abgeschlossen war. In Artikel 1 des Abkommens wurde beschlossen, dass alle sowjetischen Bürger unverzüglich von den feindlichen Kriegsgefangenen isoliert und getrennt werden müssen. Artikel 2 gab den militärischen Vertretern das Recht auf unmittelbaren Zugang zu den Lagern und Wohnorten, in denen sich ihre Staatsangehörigen befanden. Der «freie» Abtransport dieser Menschen war somit gewährleistet. Artikel 3 schloss in diese Bestimmungen auch Zivilpersonen ein. Das Abkommen von Jalta räumte den Sowjets weitgehende Rechte ein und entsprach ihren Wünschen. Die Jagd auf die Deutschen aus Russland war somit freigegeben. Der Repatriierung unterlagen alle Personen, die bis zum 1. September 1939 auf sowjetischem Territorium gelebt hatten und ab dem 22. Juni 1941 von dort entfernt worden waren. Für all diese Menschen bedeutete das, wenn nicht den sicheren Tod, dann den Weg in die Zwangs- und Arbeitslager im hohen Norden. Rückkehr ungewiss. Die Schwarzmeerdeutschen hatten bei den Westalliierten keine Fürsprecher, denn in ihren Augen waren sie in besonderem Maße der Kollaboration mit Nazideutschland verdächtig. Die Russen erhoben damit Anspruch auf uns. Obwohl wir in Deutschland eingebürgert und damit vollumfängliche Staatsbürger Deutschlands waren, zeigten sich die Westmächte davon kaum beeindruckt. Nachsicht gab es nicht, und die sowjetischen Repatriierungskommandos hatten freie Hand, ja erfuhren sogar aktive Unterstützung, wobei die einfachen Soldaten der Westmächte, die nur ihre Pflicht taten, sicherlich nur wenig über die deutsche Minderheit in Russland wussten. Für jeden repatriierten Russlanddeutschen wurde ein Kopfgeld von 200 Dollar als Kriegsschuld für Deutschland angerechnet. Somit haben die aus dem Westen nach Sibirien deportierten Landsleute stellvertretend ein Stück zur Abtragung der Kriegsschuld aller Deutschen leisten müssen.

Sogar noch Mitte 1946 lieferten die Alliierten aus der britischen und amerikanischen Besatzungszone Schwarzmeerdeutsche an die Sowjets aus. Viele unserer Leute, die sich im Westen in Sicherheit bringen konnten, wanderten sofort nach Übersee aus, andere begingen Selbstmord. Wie gehetzte Tiere versteckten sie sich und verleugneten noch jahrelang ihre Herkunft, selbst in den westlichen Besatzungszonen. Nach der Repatriierung blieben etwa 80 000 Russlanddeutsche im Westen.

Wie anders wäre mein Leben verlaufen, wäre ich in der englischen oder amerikanischen Besatzungszone gewesen. Jahrzehnte später, als wir zu Landsleuten Kontakt aufnehmen konnten, denen es gleichfalls nur unter großen Schwierigkeiten gelungen war, der Repatriierung zu entgehen und im Westen zu bleiben, erfuhren wir von ihrem Leben in Frieden und Freiheit, später sogar in bescheidenem Wohlstand. Zwar sollten auch sie harte Jahre des Wiederaufbaus hinter sich bringen, sollten mit anpacken und arbeiten. Doch für sie sollte es sich auszahlen. Ihnen sollte der Aufschwung, das Wirtschaftswunder und noch etwas anderes von unschätzbarem Wert zuteil werden: nämlich Frieden und Freiheit. Unser Weg hingegen war von ganz anderen Warten der Geschichte bestimmt. Unser Weg sollte ein anderer sein.

Rücktransport

Für mich begann der Anfang vom Ende, denn der Traum von der Flucht zu den Amerikanern war nun endgültig vorbei. Die Eisenschlösser der Waggons wurden verriegelt, bewaffnete Wachtposten in den Waggons postiert, die Hetzbanner außen entfernt. Dann setzte sich der Zug langsam in Bewegung.

Innen war es finster. Pro Waggon waren achtzig Personen untergebracht. Wir saßen auf der Erde, einige von uns auf ihrem Gepäck. Wenige hatten Lebensmittel dabei. Mit einem zwei- und einem vierjährigen Kind war die Familie meiner Tante mit uns unterwegs. Als der Zug anhielt und wir aussteigen durften, versuchten einige ein Feuer zu machen. Auch wir wollten im Topf meiner Tante ein paar Kartoffeln kochen. Doch die Kartoffeln waren noch nicht gar, als wir wieder einsteigen sollten. Der Soldat gab dem Topf einen Fußtritt und stieß uns in den Zug. Unter dieser Behandlung fuhren wir sechs Wochen lang. Wir alle hatten Läuse und waren völlig verdreckt. Sobald der Zug hielt und wir aussteigen durften, versuchten wir, die Läuse abzuschütteln, denn sie waren wirklich eine Plage. Einige hatten Kleidung zum Umziehen dabei – wir hatten nicht einmal das. Eine einzige Decke war unser ganzer Besitz. Der Hunger machte uns zu schaffen, denn zu essen bekamen wir nur manchmal ein Stück Brot. Viele von uns wurden krank. Die Kinder meiner Tante bekamen Durchfall. Eine Toilette gab es natürlich nicht. Sobald der Zug hielt, stieg man aus, kroch unter den Zug und verrichtete sein Geschäft zwischen den Schienen. Viele schämten sich, im Waggon den Eimer zu benutzen, schoben ihr Bedürfnis auf, bis sie Bauchkrämpfe bekamen. Wenn der Zug hielt, strömten alle hinaus, besonders die Kinder. Die Mütter hatten ständig Sorge, ihre Kinder könnten irgendwo in der Einöde zurückbleiben, was oft genug geschah. Wie wir heute wissen, betrugen die Menschenverluste während der Festnahme und des Transportes etwa 15 bis dreißig Prozent.

Die Leute rätselten, wohin sie gebracht würden und spähten durch die Risse im Waggon. Einmal rief jemand: «Seht mal, wir überqueren einen breiten Fluss.» Da wussten wir: Das konnte nur die Wolga sein. Unsere Heimatdörfer würden wir auf jeden Fall nicht mehr betreten, es sah ganz danach aus, dass es in die östlichen Territorien des sowjetischen Reiches gehen würde.

Irgendwann hieß es, wir seien im Ural, in Swerdlowsk. Doch die Reise war noch nicht zu Ende. Nein, das Ziel konnte nur an einem fernen Punkt liegen: dort nämlich, wo die Eisenbahnstrecke zu Ende war, in Karpinsk-Bogoslovsk, achtzig Kilometer östlich des Ural, der natürlichen Grenze zu Asien.

Gulag

An das Ende der bewohnten Welt, dort wo der Schienenstrang endete, brachte man in dieser Zeit viele Deutsche, und zwar außer uns «Repatriierten» noch zwei Gruppen, die in verschiedene Lager verteilt waren. Ich möchte sie hier nennen, damit klar wird, welches Ausmaß die Deportationen der Deutschen beziehungsweise Deutschstämmigen damals hatte:

Die erste Gruppe der Internierten waren Kriegsgefangene, deutsche Wehrmachtsoldaten, die aus dem Deutschen Reich und nicht aus der Sowjetunion kamen.

Die zweite und mit fast 1,2 Millionen (auf dem gesamten Gebiet der SU) größte Gruppe waren die deutschstämmigen Russen, die bereits 1941 von Stalin vorsorglich umgesiedelt worden waren, um eine mögliche Kollaboration mit der deutschen Besatzungsmacht zu verhindern. Überwiegend handelte es sich um Wolgadeutsche, aber auch um Deutsche vom Kaukasus und der Krim. Diesen Menschen hatte man vorgegaukelt, dass sie evakuiert würden, um dem faschistischen Feind zu entgehen. In Wahrheit war es aber eine organisierte Umsiedlung zum Zwecke der unbeschränkten Ausbeutung der Arbeitskräfte unter staatlicher Aufsicht. Sie lebten in der sogenannten Trudarmija, im Konzentrationslager, und arbeiteten in der Kohlengrube. Hier waren dann auch noch die jungen Männer, die bereits vor oder bei Ausbruch des Krieges in die Sowjetarmee einberufen worden waren. Bei Kriegsbeginn hatte man sie allerdings nicht an die Front geschickt, sondern ebenfalls hierher, und das nur, weil sie Deutsche waren. Es gab unter dieser Gruppe nicht nur Arbeiter und Bauern, sondern auch Akademiker und Intellektuelle. Menschen aller sozialen Schichten lebten hier. Manche von ihnen hatten an russischen Hochschulen studiert und nicht einmal in deutschen Siedlungen gelebt, allein ihr Name war ausreichend gewesen.

Aus Karpinsk-Bogoslowsk wurden wir von einem Soldaten zu Pferd abgeholt, der alle Jungen unter uns, die gut zu Fuß waren, achtzig Kilometer durch dichten Wald treiben sollte. Streckenweise gab es nicht einmal einen Trampelpfad, wir mussten über Baumwurzeln und umgestürzte Bäume klettern. Als unsere Füße wund waren und wir eine Rast einlegen durften, knallte unser Begleiter mit der Peitsche und schimpfte uns Faschisten und Verräter. Er überschüttete uns mit allen möglichen russischen Flüchen und Verwünschungen. Obwohl wir erst dreißig Kilometer zurückgelegt hatten, fing es an dunkel zu werden. Doch wir waren einfach nur erschöpft und ließen uns irgendwann fallen. Unser Begleiter machte seine Drohungen wahr: Er ritt davon und ließ uns allein zurück im Wald. Doch so allein, wie wir dachten, waren wir nicht. Schon bald sollten wir Wolfsgeheul vernehmen. Das Heulen kam näher, und panikartig ergriffen wir die Flucht. Wir kannten die ungefähre Richtung, die wir einschlagen mussten. Und so rannten wir mit letzter Kraft durch den stockdunklen Wald.

Es ist kaum zu glauben, dass ich immer wieder überlebt habe, auch in ganz hoffnungslosen Situationen wie dieser. «In wie viel Not hat nicht der gnädige Gott über mir Flügel gebreitet», heißt es in einem bekannten Kirchenlied. Ich sollte die Erfahrung machen, dass es stimmte. Von Wölfen verfolgt, erreichten wir eine kleine Siedlung. Hier wartete mein Vater, schon ganz aufgelöst. Er selbst war in der Gruppe der Älteren und kleinen Kinder mit dem Traktor hergekommen. Nun durften wir alle zusammen in einer Schulhalle übernachten, und am nächsten Morgen bekamen wir eine Suppe. Manche hatten Geschirr dabei, das wir abwechselnd benutzten, damit jeder eine Suppe bekam.

Dann ging der Fußmarsch weiter. Wir kamen durch kleine Ortschaften, denen oft Baracken vorgelagert waren. Darin hausten halbverhungerte Geschöpfe, die mich an Wilde im

Urwald denken ließen. Sie waren in Zotteln gekleidet und ernährten sich von Beeren und Pilzen im Wald. Doch es stellte sich heraus, dass sie ganz freundlich waren. Sie kamen staunend auf uns zu, bewunderten unsere Kleidung, die ihnen sehr schön erschien. Es waren Russen, Opfer der Kollektivierung unter Stalin, die schon um 1930 enteignet und in den Ural verbannt worden waren, wo sie ihr Dasein fristeten, von der Welt völlig vergessen.

In einer dieser Siedlungen mit dem Namen Kamenka wurden Frauen und Kinder in leerstehenden Baracken untergebracht. Auch mein Vater durfte hier bleiben. Die jungen Arbeitsfähigen mussten den Fußmarsch fortsetzen bis zu einer Siedlung, in der wir zur Kartoffelernte abkommandiert und auf die Familien der einheimischen Russen verteilt wurden. Ich kam zusammen mit fünf jungen Mädchen zu einem älteren russischen Ehepaar, das seinen Sohn seit dem Krieg vermisste. Es waren nette Leute, die uns bedauerten und meinten, wir hätten bestimmt nicht den Krieg verschuldet und müssten nun unschuldig büßen. Abends krochen die alten Leutchen auf den russischen Ofen, der vielen Russen von alters her als Schlafgelegenheit diente. Sie deckten sich gemeinsam mit dem einzigen Pelzmantel zu, den sie besaßen. Wir Mädchen wollten auf dem Boden schlafen, doch an Schlaf war nicht zu denken. In dieser russischen Hütte wimmelte es vor Wanzen und Kakerlaken, die uns im Dunkeln sogar über das Gesicht liefen. Der alte Mann stand morgens als erster auf. Er hatte Mitleid mit uns und wollte uns vor der Kälte schützen. So deckte er uns mit seinem dicken Pelzmantel zu. Eine nette Geste, die wir zu schätzen wussten. Der Pelzmantel war jedoch so schmutzig und voller Insekten, dass wir es wieder kaum aushielten. Hier wohnten wir etwa zwei Wochen.

Bei der Ernte bekamen wir Kartoffeln zu essen. Stets wurde ein Feuer gemacht und die Kartoffeln im offenen Feuer gebacken. Als die Ernte zu Ende war, brachte man uns zu den anderen in die Baracken in Kamenka, wo sich auch mein Vater aufhielt. Jeder bekam eine Pritsche aus Holz, ohne Matratze, ohne Kissen. Ich hatte lediglich meine Decke, mein Vater eine deutsche Soldatenuniform. Da es inzwischen sehr kalt wurde, zog ich diese Uniform an, obwohl sie mir viel zu groß war. Ich sah aus wie ein echter deutscher Gefangener. Viele unserer Leute amüsierten sich über meinen Aufzug, mir war jedoch nicht zum Lachen zumute.

Winter im Ural

Unser nächster Arbeitseinsatz führte uns außerhalb von Kamenka in den Wald. Jeder bekam eine Handsäge und eine Axt. Wir sollten Bäume fällen. Für mich war das schrecklich. Als finster, abweisend und bedrohlich ist mir der Wald in Erinnerung geblieben. Nie zuvor hatte ich einen so dichten Bewuchs gesehen. Ich kannte nur die Weite der Steppe meiner Heimat. Und selbst die Landschaften auf unserem langen Fluchtweg hatten nicht den düsteren Charakter des Urals.

Tag für Tag wurde es nun kälter. Der legendäre russische Winter rückte unaufhaltsam näher, und die Kälte ging mir durch Mark und Bein. Unseren Landsleuten gelang es hie und da, einige ihrer Gepäckstücke gegen warme Kleidung wie wattierte Jacken (fufajka) oder Filzstiefel (walenki) einzutauschen. Mein Vater und ich hingegen hatten absolut nichts. Als 17-jähriges Mädchen, inzwischen völlig entkräftet und vor Kälte zitternd, sollte ich also Bäume fällen. Und nur wenn ich das vorgeschriebenen Soll von drei Quadratmetern pro Tag schaffte, bekam ich die mir zustehenden 600 Gramm Brot und einen Teller warme Suppe, die aus wenigen Kohlblättern gekocht war. Für die Suppe gab es hier immerhin Geschirr. Ich klaute mir einen Löffel, den ich immer bei mir behielt und nicht wieder hergab, als wäre er etwas, wovon mein Überleben abhing.

Das Tagessoll war so hoch, dass man es kaum erfüllen konnte. Hatten wir die Norm nicht geschafft, wurden wir schikaniert: «Du faschistisches Scheusal, Saboteur, willst für den Sieg nicht arbeiten?» Aber wir wollten das Soll erfüllen, nicht des Sieges über den Faschismus wegen, sondern um zu überleben, um unsere Proviantration zu bekommen. Wir strengten uns an und gaben unser Bestes.

Wieder waren wir voller Läuse, doch diesmal konnte jemand Petroleum ausfindig machen. Wir steckten unsere Köpfe nacheinander ins Petroleum, banden ein Kopftuch um, und siehe da, am nächsten Morgen waren wir von den Plagegeistern befreit. Viel schlimmer als die Kopfläuse plagten uns jedoch die Kleiderläuse. Man konnte sich ihrer nur entledigen, wenn man die Kleidung auskochte. Dazu gab es aber keine Möglichkeit, denn wir hatten überhaupt kein Geschirr, weder Töpfe noch Schüsseln oder Eimer. Mich befiel manchmal das Gefühl, die Läuse würden mich bei lebendigem Leibe auffressen. Etliche Frauen hatten jahrelang keine Regelblutung, und vielen von uns fiel das Haar büschelweise aus.

Die Hoffnungslosigkeit war erdrückend. Ich habe viel geweint und noch mehr gebetet. Gerne wäre ich eines schnellen Todes gestorben, und manchmal dachte ich an meine Mutter und die Schwestern, daran, dass ihr Tod vielleicht doch etwas Gutes hatte: Ihnen ist vieles erspart geblieben. Hatte Gott mich damals vergessen? Oft lagen mir die Psalmen im Ohr: «Mein Gott, betrübt ist meine Seele in mir, warum hast du meiner vergessen? Warum muss ich so traurig gehn, wenn mein Feind mich bedrängt?» Die biblischen Geschichten waren mir stets präsent. Hiob konnte nicht mehr erduldet haben als ich in meinem kurzen Leben. Irgendwann musste doch die Erlösung kommen. Um mich herum starben die Menschen, teils vor Hunger, teils an Erschöpfung oder durch Erfrierungen. Doch mir ist trotz meiner spärlichen Bekleidung nichts passiert. Abends, wenn ich mich nach dem harten Arbeitstag im Wald aufgewärmt hatte, platzte mir die Haut an den Beinen, und das Blut lief langsam hinunter. Bis zum Morgen bildeten sich Blutkrusten, und dann ging es wieder hinaus in die Kälte, sieben Kilometer zu Fuß durch tiefsten Schnee und dichtesten Wald, die Axt auf dem Rücken und ein Gebet auf den Lippen, es möge doch der letzte Tag, es möge doch bald vorbei sein.

Wir arbeiteten jeden Tag. Es gab weder Sonn-, noch Feier- oder irgendwelche Ruhetage. Keiner wusste, wann sein Geburtstag oder wann Weihnachten war. Und doch entstand in dieser Zeit ein Weihnachtsgedicht von einem Deutschen namens Reinhold Frank, das unsere Agonie einer unterdrückten Gemeinschaft zum Ausdruck bringt:

Es trippelt und stolpert bei Schnee und bei Wind
auf sibirischen Wegen ein deutsches Kind.
Die Eltern, die nahm man ihm weg mit Gewalt,
und Oma liegt krank, und der Ofen ist kalt.

Drei Tage kein Brot mehr im ganzen Haus –
da trieb es der Hunger zum Betteln hinaus.
Fremd ist ihm die Sprache im weltfremden Ort,
es kennt nur ein einziges russisches Wort:

Statt «Brot» sagt's jetzt «Chleb»,
und sein Händchen streckt's vor,
steht frierend vergebens vor manch fremdem Tor.
Man stößt es und jagt es mit Drohungen fort:
«Verschwinde, Verfluchter, zieh weg aus dem Ort!»
Ihm schwindelt vor Hunger, die Kraft geht ihm aus,
der Abendwind schiebt es zum Dorfe hinaus.
Die Nacht ist so dunkel und frostig der Wind, –
sibirische Straßen gefahrenreich sind.

Der Sturm rast vorüber. Die Wolken ziehn ab.
Am Wegrand erstarrt liegt ein Kind ohne Grab,
sein flehendes Händchen zum Himmel gereckt,
von schneeweißem Leichentuch gnädig bedeckt.

Das war alles, was uns vom Weihnachtsfest geblieben war. Weihnachten war nur noch eine Erinnerung an eine vergangene Welt.

Eines Tages hatte ich einen Unfall und glaubte, mein Ende sei nun gekommen. Die von uns gefällten Bäume wurden von Ästen und Zweigen befreit und gestapelt. Die Bäume waren so dick, dass zwei bis drei Mann sie hätten umfassen können. Einer dieser dicken Baumstämme hatte sich vom Stapel gelöst und mich überrollt. Ich konnte mich nur noch an den Sturz erinnern, bei dem ich nichts sah, als den Himmel über mir. Auch um mich herum schien alles Himmel zu sein, und so gab ich mich ganz diesem schönen Gefühl hin, in einen sanften Tod hinüberzugleiten. Für eine Weile muss ich das Bewusstsein verloren haben, doch dann hörte ich Stimmen: «Sie hat sich bestimmt alle Knochen gebrochen.»

Ich wurde sofort zu unserer Baracke gebracht. Ein eingespanntes Pferd zog statt eines Schlittens zwei Baumstämme. Ein Mann setzte sich auf einen Querbalken und hielt mich so lange fest, bis wir die Strecke von etwa sieben Kilometern zurückgelegt hatten und ich bei meinem Vater war. Der war außer sich vor Kummer und Angst, jetzt auch noch sein letztes Kind zu verlieren. Ich wurde auf meine Holzpritsche gebettet und durfte mich einige Tage erholen. Zum großen Erstaunen aller ist mir nicht viel passiert. Zwar hatte ich eine große Abschürfung im Gesicht, doch die Krankenschwester, die am nächsten Tag angereist kam, konnte lediglich große Blutergüsse am ganzen Körper feststellen. Heute, nach fünfzig Jahren, sind immer noch kleine Spuren zu sehen, aber nur von erfahrenen Ärzten, die mich bei Untersuchungen manchmal fragen, ob ich einmal einen Unfall gehabt hätte.

Den Unfall hatte ich, auch durch den Schock, fast schmerzfrei überstanden. Doch meldete sich mein altes Augenleiden zurück. Der Frühling kam und die Sonne stieg höher am Himmel auf, sie ließ den Schnee hell aufgleißen, und ich hätte liebend gern eine Sonnenbrille gehabt. Meine Augen waren dick geschwollen, entzündet, und die Tränen liefen ununterbrochen. Es juckte entsetzlich. Alle Hausmittel wurden ausprobiert, vergebens. Auch die Augentropfen der Krankenschwester brachten keine Linderung. Ich betete ständig, der liebe Gott möge mir das Augenlicht erhalten. Die Wimpern fielen mir aus, und auch heute noch habe ich keine Wimpern mehr. Mein Leiden hieß Trachom, eine ansteckende chronische Bindehautentzündung, die zu Narbenbildung und in der Folge zu Blindheit führen kann. Die Krankenschwester und der Kommandant erlaubten mir jedoch nicht, einen Arzt im nächst größeren Ort aufzusuchen. Denn wir waren nicht hier, um gesund und am Leben zu bleiben, sondern zur Sklavenarbeit und um vernichtet zu werden. Es war tatsächlich so, wie es in dem Psalm steht: «Meine Tränen sind meine Speise Tag und Nacht, weil man täglich zu mir sagt: Wo ist nun dein Gott?»

Nächtliche Verhöre

Vollkommen rechtlos, so knapp lässt sich unser Status im Arbeitslager zusammenfassen. Wir hatten keinerlei Rechte, konnten nirgends eine bessere Behandlung einfordern. Wir hatten auch keine Papiere, die uns vielleicht als Bürger zweiter Klasse, als gesellschaftliche Minderheit ausgewiesen hätten, nein, wir waren bloß mit Nummern registriert. Und so, als wären wir Nummern, hatten wir uns täglich auf dem Rückweg von der Fronarbeit beim Kommandanten zu melden. Bereits 1943 wurde vom Ministerium für innere Angelegenheiten (MWD) eine spezielle Abteilung geschaffen, die überall in der Sowjetunion ihre Abgesandten in die sogenannten Spezialsiedlungen schickte und die hierhin verschickten Menschen drangsalierte. Wie wichtig den Sowjets diese Spezialkommandanturen waren, konnte man an der hochrangigen Besetzung ihres Personals feststellen. Ein Gebietsleiter hatte mindestens den Rang eines Obersten; der Leiter einer Rayonabteilung den eines Majors, und auf der unteren Ebene vor Ort stand ein Offizier im Range eines Leutnants, der den unmittelbaren Kontakt und die Aufsicht über die Verbannten ausübte. Von der Willkür des Kommandanten hing für uns alles ab. Unser Kommandant war Kriegsveteran und regelrechter Deutschenhasser. Er war ein Sklaventreiber, wie man ihn nur noch aus Büchern kennt. Oft bestellte er mich noch kurz vor Mitternacht zu sich zum Verhör. Dort wurde ich dann Mal um Mal befragt, wie es war, als die Deutschen unser Dorf besetzt hatten: Wer war Bürgermeister? Wer war beim Selbstschutz? Ich sagte immer, dass ich damals zu jung war, um mich für solche Dinge zu interessieren. Dann wollte er wissen, was die Leute in unserer Baracke redeten. Wurde ein kritisches Wort von einem unserer Landsleute bekannt, so konnte man ihn sofort wegen antisowjetischer Propaganda belangen. Solche Fälle kamen vor. Einmal zeigte ein Lagerinsasse abends beim Essen auf das Bild Stalins und sagte: «Der hatte heute aber ein besseres Abendessen als wir.» Am nächsten Morgen war er verschwunden.

Der Kommandant interessierte sich besonders für meinen Pritschennachbarn Hannes, einen jungen Mann, der an der Front ein Bein verloren hatte und auf Krücken lief. Niemand durfte wissen, dass er ein deutscher Soldat war. Als der Kommandant mit uns nicht weiterkam, schickte er Hannes und mich eines Tages nach Schaitanka, einem dreißig Kilometer entfernten Ort, zu einer diensthöheren NKWD-Stelle. Dort sollten wir erneut verhört werden. Wir mussten diese Strecke zu Fuß zurücklegen, Hannes auf Krücken. Irgendjemand muss ihn verraten haben, denn eines Tages kam eine Kommission und rief alle Männer zusammen. Ihnen wurde befohlen, den Oberkörper freizumachen, sich in einer Reihe aufzustellen und die Arme hochzunehmen. Diejenigen, die eine SS-Tätowierung unter dem Arm hatten, wurden auf der Stelle mitgenommen und für zehn Jahre in ein geschlossenes Gefängnis gebracht. Unter ihnen waren auch Hannes sowie zahlreiche Familienväter, die an diesem Tag von ihren Familien getrennt wurden. Das war ein schwarzer Tag in unserer Baracke, die Abschiedsszenen waren herzzerreißend. Viele dieser Männer kenne ich sehr gut. Sie alle haben, sofern sie überlebten, die zehn Jahre komplett verbüßt. Niemand wurde vorzeitig entlassen. Die Zustände im stalinistischen Gefängnis hat Alexander Solschenizyn hinreichend beschrieben. Niemand fragte diese Männer je nach den Umständen ihrer Rekrutierung, ob sie freiwillig in der SS waren. Nur wir wussten, dass sie, genau wie mein Bruder, gegen Kriegsende überstürzt einberufen wurden, damit sie noch schnell fürs Vaterland den Heldentod starben. Widersetzen durfte sich damals keiner. Manche von ihnen waren noch nicht einmal an der Front, hatten aber das verhängnisvolle Mal unter dem Arm.

Die nächtlichen Verhöre machten auch meinem Vater schwer zu schaffen. Der Kommandant kam oft, um ihn einzubestellen. Bei dieser Gelegenheit rasierte sich der Kommandant bei uns und benutzte das Stück Seife, das wir aus Deutschland mitgebracht hatten. Als die Seife aufgebraucht war, ließ der Kommandant von meinem Vater ab, worauf mein Vater sich einen Bart wachsen ließ. Bei einem der Besuche des Kommandanten wäre uns fast etwas Schlimmes passiert. Ich wollte meinem Vater eine Freude machen und stellte ein kleines Foto meines vermissten Bruders Anton an das Kopfende seiner Pritsche. Auf dem Foto trug Anton eine deutsche Uniform. Als der Kommandant unsere Baracke betrat, konnte mein Vater noch schnell und unauffällig das Foto wegstecken.

Meinem Vater muss es in dieser Zeit seelisch sehr schlecht gegangen sein. Eines Tages sah ich ihn rauchen. Schon einmal vor unserer Repatriierung hatte ich ihn in Deutschland rauchen sehen. Doch wie entsetzt war ich nun, als ich entdeckte, dass mein Vater in seiner Not von allen drei Blättern der Sterbeurkunden meiner Mutter und meiner Schwestern eine Ecke abgerissen hatte, um sich eine Zigarette zu drehen. Wir hatten kein Papier, nur diese drei Sterbeurkunden. Von einem Russen hatte er etwas Machorka (russischen Tabak) bekommen, und so drehte er sich drei Zigaretten.

Gegen Ende des Winters bekamen wir für unsere Arbeit ein wenig Geld. Es reichte für zwei Eimer Kartoffeln im Monat. Das half uns zu überleben, denn der Frühling ließ in dieser Gegend sehr lange auf sich warten. Als der Schnee endlich geschmolzen war, suchten wir in den ausgedehnten Wäldern nach Essbarem. Aus Brennnesseln bereiteten wir Suppen, wir sammelten Sauerampfer und Beeren, später auch Pilze und Hagebutten. Auch hier, kaum vorstellbar, gab es ein Soll, das zu erfüllen war. Hatte man es erreicht, gab es sechs Meter Stoff und eine wattierte Jacke. Wir bemühten uns sehr. Ich arbeitete immer mit meiner neuen Freundin Annemarie, und wir überwanden gemeinsam manches Hindernis, das sich bei unserer mühsamen Plackerei in den Weg stellte. So lief zum Beispiel das Harz von den Bäumen, und die Säge blieb stecken. Es hieß, man müsse sie mit Benzin befeuchten, um sie zu lösen. Benzin jedoch gab es nirgends. In unserer Not wurden wir erfinderisch und fanden heraus, dass es auch mit Urin geht. Eine von uns beiden musste Wasser lassen, die andere die Säge ziehen. Man musste nur die Kunst beherrschen, den Strahl im richtigen Moment anzuhalten. Ich spezialisierte mich darauf. Und siehe da, auf Annemaries Kommando klappte es. Ein Aufseher, der uns eines Tages dabei beobachtete, gab die kleine Geschichte abends als Anekdote zum Besten. Mir blieb das Lachen jedoch wie so oft im Halse stecken.

Wenn ich mir Sorgen machte, dachte ich oft an Anton, meinen großen Bruder und Beschützer. Wie viel einfacher wäre alles, wenn er bei mir wäre, mir helfen könnte bei all den Dingen, die mich so viel Kraft kosten. Ich vermisste ihn sehr, doch die Hoffnung, ihn je wieder zu sehen, schwand zusehends wie jede andere Hoffnung auch.

Sobald im Frühling das Eis auf dem Fluss gebrochen war, mussten wir am Wasser arbeiten und das Holz mit der Strömung flussabwärts Richtung Sägewerk flößen. Oft standen wir bis zum Bauch im eiskalten Wasser und schoben mit langen Stangen, an deren Ende ein Haken war, die ineinander verkeilten Baumstämme auseinander. Vor Wasser hatte ich schon immer Angst. Das Ufer war sehr steil, und ich fürchtete ständig hineinzufallen. Der Aufseher rief: «Raz, dwa, wzjali!» – zu deutsch: «Hauruck». Alle packten an. Ich tat so, als würde ich mich anstrengen, konzentrierte mich aber ausschließlich darauf, nicht ins Wasser zu fallen. Auf einem der Flöße, das auf dem Fluss mitgetrieben wurde, gab es ein großes Blockhaus. Auf diesem Floß begleiteten wir unser Holz bis zum Sägewerk. Im Blockhaus konnten wir kochen. Hier war auch für etwa dreißig Leute Platz zum Übernachten. Wir brauchten etwa zwei Monate, um das gesamte im Winter gefällte Holz nach Lobwa in die Fabrik zu bringen. Danach gingen wir zu Fuß den ganzen Weg zurück, um neue Bäume zu fällen.

Als ich eines Tages einen besonders heftigen Schub meiner Augenkrankheit erlitt, ließ der Aufseher mich nach Hause gehen, und zwar auf dem einzigen schmalen Pfad durch den Wald, dem ich folgen sollte. Mutterseelenallein ging ich an die zwanzig Kilometer durch dichten Wald nach Hause. In Gedanken betete ich einen Rosenkranz nach dem anderen. Ich betete alle Gebete, die ich kannte, und neue dazu, die ich mir ausdachte. Das Beten lenkte mich ab. Doch plötzlich raschelte es im Unterholz, und ein Bär kam aus dem Gebüsch, ein riesiger Braunbär. Das Herz fiel mir in die Hose. Ich blieb stehen und begann mit zitternder Stimme zu singen. Das war nämlich ein Trick, den uns die alteingesessenen Russen vorsorglich verraten hatten. «Sing nur ordentlich laut, dann wird der Bär verschwinden.» So geschah es auch. Der Bär kreuzte meinen Pfad im Abstand von nur drei Metern und bahnte sich dann schnaufend seinen Weg durch das Dickicht. Wieder einmal war ich davongekommen.

Unter Kakerlaken

Ab 1947 wurden wir für unsere Arbeit bezahlt. Von diesem bescheidenen Lohn beschlossen mein Vater und ich, ein kleines Holzhaus für uns beide zu kaufen. Die Holzhäuser waren um die 15 Quadratmeter groß, bestanden aus einem Raum, manche waren sogar mit einem russischen Ofen ausgestattet, und im Gegensatz zu Lebensmitteln waren sie absolut erschwinglich. Viele standen leer, da sie vor langer Zeit von verbannten Russen erbaut und dann wieder verlassen worden waren. Vater und ich wollten nun endlich so etwas wie eine Privatsphäre haben, wenn man unter den gegebenen Umständen überhaupt davon sprechen konnte. Dass wir auf diese Weise auch unsere Läuse loswerden würden, war ein Nebeneffekt, den wir nur zu gern in Kauf nahmen.

Dafür gab es hier aber eine Plage, die uns vor ganz neue Herausforderungen stellte: Es wimmelte nur so vor Kakerlaken und Wanzen. Kein nächtliches Huschen und gelegentliches Rascheln, nein. Auch am Tag war es unmöglich, in Ruhe zu essen. Eine Hand war permanent mit dem Wegscheuchen des Ungeziefers beschäftigt, die andere hielt das Brot. Die Wanzen loszuwerden, war nicht schwer, man musste sie nur mit kochendem Wasser übergießen. Die Kakerlaken jedoch erwiesen sich als beinahe unbesiegbar. Wenn wir schlafen gingen, banden wir Tücher fest um unsere Köpfe. Und doch schaffte es eine Kakerlake, mir ins Ohr zu krabbeln. Die Schmerzen, die mir dieses Tier verursachte, waren unerträglich. Die ganze Nacht schrie ich, und ich hatte das Gefühl, mir würde das Gehirn herausgeschabt. Mein Vater versuchte mir zu helfen, indem er mir Wasser ins Ohr goss. Doch davon wurde es nur schlimmer. Am nächsten Tag suchten wir die Krankenschwester auf, die aber auch nicht helfen konnte. Fortwährend bewegte sich das Insekt. Schließlich kam meine Tante auf die rettende Idee, mir Öl ins Ohr zu träufeln. Das Tier gab endlich Ruhe und starb ab, der Schmerz ging langsam zurück. Meine Hörfähigkeit hat jedoch seit diesem Ereignis Schaden genommen.

Es gab nur eine Möglichkeit, der Plage mit den Kakerlaken ein Ende zu bereiten: das Haus auszukühlen. Für eine Nacht im Winter gingen wir zu unseren Verwandten und ließen die Tür und Fenster des Hauses bei -40° C offen stehen. Der Raum sollte auskühlen. Als wir wiederkamen, war alles Ungeziefer verendet. Eine schwarze Schicht von Kakerlakenkörpern bedeckte Fußboden und Holzpritschen. Den russischen Ofen (eine begehrte Brutstätte) hatten wir schon vorher entfernt und einen neuen gemauert. Nun kamen unsere selbstgebundenen Besen aus Birkenzweigen zum Einsatz: Schaufelweise brachten wir die Schaben nach draußen in die Kälte. Wir waren sehr gründlich, und die Arbeit wollte kein Ende nehmen. Bis auf die Knochen durchgefroren, wollte mein Vater im Ofen Feuer machen, während ich noch die letzte Schaufel mit Kakerlaken in der Hand hielt. Sobald die Birkenrinde in der Hand meines Vaters Feuer fing, setzte auf meiner Schaufel Bewegung ein und die Kakerlaken kamen mir entgegen. Mit einem Schrei des Entsetzens warf ich alles hin und rannte aus der Hütte.

Das Leben geht weiter – doch nicht für mich

Die Zeit vergeht – auch im Ural. Aus wenigen Monaten waren inzwischen Jahre geworden. 1948 mussten wir ein Dokument unterschreiben, in dem wir uns dazu verpflichten, für immer (wörtlich «auf ewige Zeiten») hier in Kamenka zu bleiben. Das Urteil hieß also «lebenslänglich». Wir hatten es schwarz auf weiß: «Das Verlassen der Ansiedlungsorte ohne Sondergenehmigung der Organe des Innenministeriums wird mit Zwangsarbeit bis zu zwanzig Jahren bestraft», hieß es im Dekret des Obersten Sowjet. Als ob wir nicht schon Zwangsarbeit verrichteten.

«Ob man wohl im Westen davon weiß, was man mit uns macht?», ging es mir manchmal durch den Kopf. Nein, Deutschland war nach dem Krieg isoliert, schwach und konnte uns nicht helfen. Die UdSSR war mächtig und ließ nicht mit sich reden. Wir waren hinter dem eisernen Vorhang, von der Welt vergessen.

Menschen fügen sich irgendwann in ihr Schicksal, denn das Leben muss weitergehen. In Kamenka war es nicht anders. Die Verbannten fingen an, sich einzurichten. Die meisten wohnten nun wie wir in einer Blockhütte. Man begann, nach und nach ein Stück Erde zu bearbeiten, Kartoffeln und Gemüse zu pflanzen. Viele unserer Landsleute legten sich eine Ziege zu. Auch wir kauften uns eine, für die wir zunächst in unserer Hütte eine Ecke abtrennten. Nun waren wir schon gut versorgt, denn die Ziege gab täglich drei Liter Milch. Bald würde sie ein Junges bekommen, das wir schlachten konnten. Für unsere Arbeit im Wald bekamen wir meistens etwas Geld, manchmal Lebensmittel oder Kleidung, manchmal einige Meter Stoff. Aus dem Stoff nähten wir uns Kissen und Decken, die wir mit Heu füllten. So mussten wir endlich nicht mehr auf den nackten Holzpritschen schlafen.

Wir schrieben das Jahr 1949. Überall um mich herum sah ich junge Leute, die schon verliebt oder eben dabei waren, nach einem oder einer Liebsten Ausschau zu halten. Auf den langen Wegen zur Arbeit erklang jetzt immer öfter ein fröhliches Lied. Man erinnerte sich plötzlich an Lilly Marleens «Unter der Laterne» und andere deutsche Weisen. Meine Freundinnen gingen auch manchmal in den Club zum Tanzen. Alle versuchten das Beste aus ihrem Schicksal zu machen. Nach außen hin galt das auch für mich, nicht jedoch in meinem Herzen. Ich war immer noch sehr traurig, mir war so gar nicht nach Liebelei zumute. Meine Freundinnen versuchten oft, mich aufzuheitern und mich in den Club mitzuschleppen. Ich ging wohl ein paarmal mit, suchte aber immer so schnell wie möglich das Weite. Nur Emma konnte mich verstehen, auch sie ein stilleres Wasser und wie ich dem Glauben verbunden. Manchmal beteten wir sogar zusammen. Das gab mir mehr Trost als ein bunter Abend im Clubhaus. Überhaupt Emma, ich werde sie nie vergessen, meine beste Freundin in dieser schweren Zeit. Sie teilte mit mir bei der Waldarbeit ihr Handtuch, ließ sich nicht von meiner ansteckenden Augenkrankheit abschrecken. Wir hatten ein sehr inniges Verhältnis zueinander.

Ich konnte es nicht fassen, wie all die Mädchen hier nicht nur begannen, sich in Kamenka häuslich einzurichten. Sie fingen an, Familien zu gründen, richtig Wurzeln zu schlagen. Das schien mir so endgültig und eine richtige Kapitulation obendrein. Sie würden Kinder bekommen, hier in diesem gottverlassenen Winkel, fernab der Zivilisation. Die Kinder würden in russische Schulen gehen, aufwachsen unter stalinistischem Drill. Aus ihnen würden später kleine Kommunisten werden, die ganz selbstverständlich die Deutschen hassten und für alles Religiöse nur Verachtung übrig hatten, kleine Russen, die ihre Herkunft verleugnen, ihre Sprache vergessen und die

Manieren unserer Peiniger annehmen würden. Nein, das alles wollte ich nicht. Tief innerlich wusste ich, dass ich hier nicht bleiben würde. Auch wollte ich hier keine Kinder haben. Hier nicht! Und einen Mann erst recht nicht!

Eines Tages fragte mein Vater mich um Rat. «Weißt du, Magdalena, es ist doch so: In allen Hütten brennt abends Licht, wenn wir von der Waldarbeit nach Hause kommen, überall ist eine Mutter zu Hause am warmen Herd. Nur bei uns ist es dunkel und kalt. Meinst du nicht auch, es ist besser für uns, wenn ich wieder heirate?» Das wollte er von mir wissen. Er fragte mich sogar, wen er heiraten soll, welche der Frauen im Dorf ich am sympathischsten fand. Ich war sprachlos. Das hätte ich nicht erwartet. Ich hatte immer angenommen, dass auch er, so wie ich, von der Trauer um meine Mutter überwältigt, nicht Ausschau nach neuem Glück halten könne. Dabei war es mir durchaus klar, dass er unter den vielen Witwen in unserer Siedlung sehr begehrt war. Einmal fragte mich eine sogar ganz direkt, ob mein Vater sie heiraten würde. Ich sagte, dass er bestimmt keine Heiratsabsichten hätte, worauf sie nur spitz entgegnete: «Sicher nur, weil er auf dich Rücksicht nimmt. Sag ihm doch, dass du nichts dagegen hast.»

Ich brach in Tränen aus. Obwohl ich schon erwachsen war, war mir allein der Gedanke unerträglich, eine neue Frau könnte den Platz meiner Mutter einnehmen. Mein Vater, erschrocken über meine Reaktion, ruderte zurück, versicherte, er würde seine Pläne verwerfen, wenn es für mich so fürchterlich sei. In meinem Kummer ging ich zu meiner Tante und klagte ihr mein Leid. Doch die Welt hatte sich verschworen. Alle wollten, dass das Leben weiterging, so auch die Tante. Schließlich würde auch ich irgendwann aus dem Hause gehen, und dann wäre mein Vater ganz allein auf sich gestellt. Also gab ich nach und bat sie, meinem Vater auszurichten, dass ich nichts dagegen habe. Direkt konnte ich mit ihm nicht darüber sprechen; die Worte wären mir im Hals stecken geblieben.

Als ich einige Zeit später für eine ganze Woche im Wald zum Arbeiten war (wir machten im Sommer nicht täglich den langen Fußmarsch, sondern blieben über Nacht im Wald), kam jemand und erzählte, mein Vater habe sich eine Frau genommen. Dies versetzte mir einen solchen Stich und mir wurde so schwer ums Herz, dass ich am liebsten gar nicht mehr nach Hause gegangen wäre. Das Leben ging also weiter, zumindest für meinen Vater. Ich dagegen fühlte mich einsamer und verlassener denn je. Sollte auch ich heiraten, nur weil alle es taten? Ich war ja immerhin schon 21, doch so ungewöhnlich das klingt, noch nie richtig verliebt gewesen, vielleicht vom Rekruten Vetter einmal abgesehen. Mich drängte es nicht, die Nähe eines Mannes zu suchen. Innerlich hatte ich mich von der Welt abgewandt, die Zukunft aus dem Blick verloren.

Ich war überrascht, wie aufgeräumt und sauber es bei uns war, als ich nach der Woche nach Hause kam. Es roch nach frisch gebackenem Kuchen, auf dem Tisch lag eine hübsche Decke. Drinnen war niemand, die neue Stiefmutter war draußen und versorgte das Kleinvieh. Es war Erna Kapfenstein. Als sie hereinkam, begrüßte sie mich freundlich. Ich wollte ihren Gruß erwidern, ihr auch mit Freundlichkeit begegnen, brachte aber kein Wort heraus. Die Kehle war mir wie zugeschnürt. Ich zog mich aus, wusch mich in aller Ruhe, setzte mich an den Tisch und fasste mir ein Herz. Ich sagte nur: «Das tut gut … Es ist schön warm hier …» Mehr brachte ich nicht heraus. Sie sagte zu mir: «Weißt du, Magdalena, du brauchst nicht Mutter zu mir sagen. Ich weiß sehr wohl, dass ich nicht deine Mutter bin. Nenn mich einfach so, wie du möchtest.» Dann kam mein Vater nach Hause. Wir aßen unsere erste gemeinsame Mahlzeit, begannen zögernd ein Gespräch über dies und das. So begann unser Leben zu dritt. Erna Kapfenstein sollte für die nächsten 44 Jahre meine Stiefmutter sein.

Erna Kapfenstein war damals schon 42. Verheiratet war sie nie gewesen. Sie wohnte in Kamenka in einer Holzbaracke zusammen mit ihrer Schwägerin und deren vier Kindern. Ihr Bruder galt seit den Säuberungen 1937 als vermisst, hatte seine Frau und vier Kinder zurücklassen müssen. Es war nun an Erna, den Verwaisten zu helfen, sie durch die Wirren der Zeit zu begleiten und mit großzuziehen. In jungen Jahren war Erna auch einmal verlobt gewesen, zur Hochzeit kam es jedoch nicht, worüber Erna lange nicht hinwegkam. Erst jetzt, in Kamenka, konnte sie sich wieder auf einen Mann einlassen, und das sollte mein Vater sein.

Als sich ihre Wege zu kreuzen begannen, steckten sie sich oft in aller Diskretion kleine Zettel zu. Viel geredet in aller Öffentlichkeit wurde nicht. Beide stellten vorsichtig Erkundungen an, Vernunftgründe spielten neben Sympathie eine große Rolle. Aus praktischen Erwägungen zu heiraten ist heute undenkbar, unter den damaligen Umständen war es völlig angemessen, eine Frage des Überlebens.

Mein Vater hatte Hoffnungen bei Erna Kapfenstein geweckt, zögerte aber, verunsichert durch meine Reaktion, den letzten Schritt zu tun. Diese unschlüssige, etwas zögerliche Art zieht sich wie ein roter Faden durch sein ganzes Leben. Anhänger der Astrologie mögen das auf sein Sternzeichen Krebs zurückführen, das allzu gern auf Nummer sicher und ungern Risiken eingeht. Ich dagegen halte das für einen sehr ausgeprägten Charakterzug. Mein Vater also zögerte und kam nicht in die Gänge, Erna dagegen ließ hören, eine zweite Enttäuschung in ihrem Leben könne sie nicht verkraften. Und so fasste sich mein Vater ein Herz und holte sie zu sich. Sie führten eine gute Ehe – bis an ihr Lebensende. Kinder hatten sie keine mehr zusammen, aber sie waren immer füreinander da, auch für mich. Auch wenn sie mir meine Mutter nicht ersetzen konnte – unser Verhältnis war offen und freundschaftlich geprägt.

Hochzeit in Schwarz

In Karpinsk-Bogoslowsk, eine Tagesreise entfernt, gab es deutsche Gefangene in großer Zahl. In reinen Männerlagern waren junge Russlanddeutsche interniert, die während des Krieges nicht unter deutsche Besatzung geraten waren wie wir. Einige von ihnen waren bei Kriegsbeginn sogar in der Sowjetarmee gewesen. Um ein Überlaufen auf die deutsche Seite zu verhindern, hatte Stalin sie schon früh in den Ural deportieren lassen. Das galt auch in den Wolgagebieten. Ein Teil der Deportierten war in Karpinsk angesiedelt worden, wo man Arbeiter für die Kohlegewinnung brauchte. Hier entstand ein ganzer Stadtteil, der bis heute im Volksmund «Berlin» heißt. In diesem «Berlin» lebten Baracke an Baracke, auf engstem Raum dicht gedrängt und von Stacheldraht umgeben, hunderte deutscher Männer, die täglich unter Tage gefahren wurden, um in der Kohlengrube von Karpinsk das schwarze Erz für die Sowjetunion zu gewinnen. Sie verrichteten Zwangsarbeit, wie wir auch, unter schlimmsten Bedingungen. Doch auch Frauenlager gab es. Alle jungen deutschen Frauen, die arbeitsfähig waren, mussten in der Kohlegrube arbeiten.

Im Jahr 1948 wurde der Stacheldraht entfernt und die Lebensmittelkarten abgeschafft. Die Menschen wurden für ihre Arbeit nun spärlich entlohnt und durften ihr Geld «frei» ausgeben. Wie überall begannen sie auch hier in Karpinsk, sich einzurichten und ans Heiraten zu denken. Doch selbst jetzt, 1948, durfte sich noch niemand vom festgelegten Aufenthaltsort entfernen – es sei denn mit behördlicher Genehmigung. Bei den vielen jungen Männern – immerhin in deutlicher Überzahl zu uns Frauen – waren die Besuchsgenehmigungen heiß begehrt. Einige Männer aus Karpinsk schrieben Briefe an deutsche Mädchen in Kamenka, darunter auch meinen Freundinnen. Eine Genehmigung zu bekommen, war eines der größten Hindernisse auf dem Weg, eine Freundin auch nur zu treffen. Nur mit Mühe konnten die Männer vom Kommandanten eine erbetteln, nach Kamenka zu fahren und die Liebste, die sie nur aus Briefen kannten, zu besuchen. Diese Situation brachte es mit sich, dass es manchmal recht schnell ans Heiraten ging, auch wenn Braut und Bräutigam sich kaum kannten. Doch war das der einzige Weg.

In Kamenka gab es unter uns Deutschen nur wenige Männer im heiratsfähigen Alter. Entweder waren sie im Krieg gefallen oder wegen der Mitgliedschaft bei Wehrmacht oder SS in den Kerkern der Geheimpolizei verschwunden. Geblieben waren nur die Jüngeren, allesamt jünger als ich. Und es gab mehr junge Frauen als Männer, dafür war in Karpinsk die Konstellation genau anders herum.

Niemand von uns wäre je auf den Gedanken gekommen, einen Russen zu heiraten. Auch wenn sich mit der Zeit ein vorsichtig-freundschaftliches Verhältnis zu Einzelnen aus der russischen Bevölkerung entwickelte – so weit wäre die Freundschaft nicht gegangen. Als Deutschstämmige waren wir für die Russen gebrandmarkt: Wir waren Faschisten, Verräter, der Abschaum. Und wir sahen in ihnen unsere Peiniger, die es nur darauf angelegt hatten, uns zu vernichten. Die Kluft zwischen uns war nicht zu überbrücken, der Graben so tief, dass keine Versöhnung in Sicht war.

Eines Tages kam ein gewisser Theodor Neugebauer nach Kamenka, der sowohl mir, als auch noch einem anderen Mädchen den Hof machte. Seinen Kommandanten hatte er zuvor mit ein paar Flaschen Wodka bestochen und so eine Genehmigung bekommen, uns zu besuchen. Ich war wenig beeindruckt von der Art, wie der junge Mann versuchte, im Eiltempo eine Frau zu bekommen. Erst beschwor er mich, er habe mich viel lieber als die andere, dann schrieb er mir Liebesgedichte. Seine leichtsinnig-oberflächliche Art jedoch sprach mich überhaupt nicht an. Und so heiratete er die andere. Zurück in Karpinsk erzählte er aber seinem Freund von mir und zeigte ihm mein Bild. Dieser Freund hieß Christian Reiswich. Christian hielt mein Bild in seinen Händen und betrachtete es wieder und wieder. Was er damals wohl dachte? Er sprach leise meinen Namen aus, den er bis dahin nicht kannte, aber irgendwie schön und anziehend fand. Auf jeden Fall verliebte er sich in mein Bild und gab es nicht wieder her.

Zu diesem Zeitpunkt lebte Christian bereits nicht mehr im Lager, sondern in dem Holzhaus seiner Mutter. Mit viel Mühe bekam er vom Kommandanten die Erlaubnis, Karpinsk für drei Tage zu verlassen und in das achtzig Kilometer entfernte Kamenka zu gehen, um mich zu besuchen. Dort angekommen, traf er mich nicht zu Hause an, denn ich war bei der Arbeit. Ich arbeitete an der Holzannahmestelle, wo ich das angelieferte Holz nur annehmen, zählen und dokumentieren musste. Diese Annahmestelle lag allerdings zehn Kilometer entfernt, und diesen Weg musste ich jeden Tag zu Fuß gehen.

Christian stellte sich meinen Eltern vor. Sie waren sehr überrascht, einen Gast zu haben, der deutsch sprach. In jener Zeit war es für uns stets eine Freude, deutsche Menschen zu treffen. Er erzählte, er käme aus Karpinsk und wolle Heu kaufen. Dann erkundigte er sich nach der Tochter des Hauses, für die er einen Brief einer Freundin aus Karpinsk dabeihabe. Ich war noch nicht ganz zu Hause, als man mir berichtete, dass wir einen ganz besonders gut aussehenden jungen Mann zu Besuch hätten, der auch noch auf mich wartete. «Wenn dir der nicht gefällt, dann kann dir keiner helfen.»

Daheim begrüßte mich in der Tat ein ausgesprochen schöner junger Mann, der mir spontan sympathisch war. Er hatte volles Haar und sprach einen deutschen Dialekt, der ein bisschen anders war als unserer. Wir stellten einander vor, und er übergab mir den Brief meiner Freundin, die Theodor Neugebauer geheiratet hatte. Meine Freundin schrieb nur wenig über sich, aber auf ganzen vier Seiten lobte sie Christian und riet mir, die Chance zu nutzen. Als uns meine Eltern endlich allein ließen, gestand mir Christian, dass er überhaupt kein Heu kaufen wollte, sondern nur mich sehen. Er machte nicht viele Worte und fragte, ob ich ihn heiraten wolle, wir hätten nicht viel Zeit. Schon in zwei Tagen musste er wieder in Karpinsk sein. Mit dem Nachweis einer standesamtlichen Heirat konnte er mich hier herausholen, aber nur damit! Normale Besuchsgenehmigungen wurden sehr selten, in Ausnahmefällen, erteilt. Ich wusste das. Zeit, sich lange kennenzulernen, sich näher zu kommen, sich einfach nur zu verlieben, gab es nicht. Das allerdings wäre mir lieber gewesen. Dann dachte ich plötzlich daran, wie mein Vater und ich im Mai 1945 an der Elbe gestanden waren und auf die Fähre warteten. Und ich dachte an die Zukunft, die ich damals so knapp verpasst hatte. Wie wäre es, wenn ich jetzt in Deutschland leben würde? Oder wenn mein Leben in München bei Odessa weitergegangen wäre? Wie lebten die Menschen anderswo? Es musste doch irgendwo eine andere Welt geben. Hier waren wir von der Zivilisation völlig abgeschnitten, ohne Rundfunk oder Fernsehen. Nur das staatliche Propagandablatt «Prawda» gab es, sonst nichts.

Christian saß mir gegenüber. Er war 25 Jahre alt, ich 23. Damals höchste Zeit zum Heiraten. Er war offen zu mir und sagte mir ehrlich, was er wollte. An mir war es zu entscheiden. Was er sagte hatte Hand und Fuß, und es gefiel mir, dass er so wie ich nichts von Clubhäusern hielt und nicht tanzen konnte. Er sagte, er habe sehr viel Gutes über mich gehört, und ich dachte an die Empfehlung, die meine Freundin ihm in Form des Briefes mitgegeben hatte. Christian schlug vor, am übernächsten Tag ins Standesamt zu gehen. Eine richtige Hochzeitsfeier könnten wir später nachholen, wenn es uns offiziell erlaubt war, zusammen zu sein. Natürlich ging mir das alles viel zu schnell. Mir schwirrte der Kopf. Ich wollte nichts überstürzen und keinen Fehler machen. Aber hatte ich überhaupt eine Wahl?

Am nächsten Tag gingen wir gemeinsam meinen langen Weg zur Arbeit. Es war Winter, ein schöner Dezembertag. Über uns strahlte der blaue Himmel. Der Schnee glänzte in der Sonne und begleitete jeden unserer Schritte mit frischem Knirschen. Der Wald war ein Wintermärchen, und zum ersten Mal nahm ich seine Schönheit wahr. Es war ein ganz neues Gefühl, an der Seite eines Mannes durch den Wald zu gehen, der allein für mich da war. Ich erzählte Christian mein Leben, und er erzählte mir von sich. So erfuhr ich, dass er mit seiner Mutter in Karpinsk wohnte und drei Geschwister hatte, die schon verheiratet waren. Christian gehörte zu denen, die bereits 1931 bei Stalins Kollektivierung als «wohlhabende Kulaken» enteignet und in den Ural verschickt worden waren. Er kam also bereits im Alter von fünf mit seinen damals jungen Eltern und den drei älteren Geschwistern aus seinem deutschsprachigen Heimatdorf in den Ural. Sein Vater starb kurze Zeit später vor Kummer, und seine Mutter musste völlig mittellos und allein in der neuen Umgebung ihre Kinder durchbringen. Als 1941 der Krieg ausbrach, steckte man die inzwischen jugendlichen Kinder ins Lager hinter Stacheldraht in die sogenannte Trudarmee, wo sie mit Tausenden anderer Deutscher in Baracken hausen, unter Tage in der Kohlengrube arbeiten und in Gefangenschaft leben mussten. Begründung: Sie waren Deutsche. Sie mussten für einen Krieg büßen, von dem sie in ihrer Abgeschiedenheit so gut wie nichts wussten. Christians Mutter hatte jedoch Glück im Unglück: Zum einen blieb ihr die Trudarmee erspart, weil sie schon zu alt war. Zum anderen entgingen die Kinder der zwangsweisen Heimunterbringung. In vielen ähnlichen Fällen hatte man die jungen Mütter zur Zwangsarbeit ins Lager gesteckt und die kleinen Kinder ins

Heim gebracht. Ich kenne Frauen, die jahrelang ihre Kinder in den Kinderheimen des russischen Reiches gesucht haben, um ihnen schließlich als Fremde gegenüberzustehen.

Christian hatte sehr viel mitgemacht und zeigte für vieles Verständnis. An diesem Tag machte ich meine Arbeit mit ihm gemeinsam. Er zählte die Holzstämme, ich rechnete und notierte. Zum ersten Mal empfand ich so etwas wie Spaß bei der Arbeit, ein völlig neues Gefühl. Wir waren schnell fertig und traten gemeinsam den Weg nach Hause an. Mit Christian an der Seite kam mir der Weg gar nicht so lang vor. Bald schon überlegten wir, wie wir die Sache mit dem Standesamt anpacken sollten. Der nächste Selsowjet, das heißt das Standesamt, war in Tschernojar, etwa in der Mitte zwischen Karpinsk und Kamenka. Wir wollten früh aufbrechen, um die dreißig Kilometer Fußmarsch zu bewältigen. Weil ich am nächsten Tag nicht an meiner Arbeitsstelle erscheinen würde, hatte ich bereits Vorsorge getroffen, um mein Fehlen zu verbergen. Nach unserer standesamtlichen Trauung würden Christian und ich uns verabschieden und jeder verschiedene Wege gehen. Als wir meinen Vater und meine Stiefmutter in unsere Pläne einweihten, sah ich den Schmerz im Gesicht meines Vaters. Er mochte mich nicht gehen lassen und war wieder einmal zu keinem Entschluss zu bewegen. Doch Unentschlossenheit hin, Unentschlossenheit her, einmal musste ich es wagen. Auch zu anderen Zeiten und unter anderen Umständen ist eine Ehe ein Risiko.

In der Nacht tat ich kein Auge zu. Christian blieb bei uns, wir schliefen zu viert in einem Zimmer. Ich stand vor einer schweren Entscheidung und betete zu Gott um ein Zeichen. Wieder einmal legte ich mein Schicksal in Gottes Hand. «Gut. Es möge kommen, wie es kommen mag. Wenn das Standesamt morgen auf hat, dann heirate ich. Wenn es geschlossen hat, dann sollte es nicht sein, und aus der Sache wird nichts.»

Wir brachen am nächsten Morgen sehr früh auf. Es war der 6. Februar 1952. Der Weg war beschwerlich, denn wir gingen durch tiefen Schnee. Würde das Standesamt bei unserer Ankunft überhaupt noch auf haben? Christian half mir immer wieder über umgestürzte Bäume. Erst gegen fünf Uhr nachmittags kamen wir in Tschernojar an. Und ja, das Standesamt war noch auf. Ich sollte heiraten! Was hier vielleicht ein wenig nach Pokerspiel klingt, war nur mein Versuch, das Leben anzunehmen, wie es ist. Ich setzte mein Vertrauen auf Gott. Er würde mich auch in einer ungewissen Zukunft weiter führen und beschützen.

Die Eheschließung war eine formlose, schnelle Angelegenheit. Wir wurden als Ehepaar registriert, jedoch musste jeder von uns seinen Familiennamen behalten. Damals war es Gesetz, dass Deutsche bei der Eheschließung den Namen des Ehepartners nicht annehmen durften, denn eine Änderung des Namens würde den Staat bei der Suche nach deutschen Kriegsverbrechern behindern.

Nach der Zeremonie gingen wir einfach zu meiner Freundin Anna Wertmann, die hier in Tschernojar lebte. Sie freute sich herzlich über unsere Heirat, tischte auf, was sie hatte und überredete uns, über Nacht zu bleiben. Christian hätte sich gleich am nächsten Morgen bei seinem Kommandanten zurückmelden müssen, doch nun war es schon spät und der Weg zu weit. Wir verbrachten einen schönen «Hochzeitsabend» bei Anna. Sie bot uns sogar an, für uns ein gemeinsames Bett herzurichten, aber das lehnten wir ab. Unsere Ehe bestand zunächst einmal auf dem Papier, und vor uns lag noch ein langer Weg, bis wir als Mann und Frau zusammenleben durften.

Am nächsten Morgen brachen wir auf, jeder in seine Richtung. Christian drückte und küsste mich zum Abschied und bat mich, gut auf mich aufzupassen. Ich ging allein durch den Wald zurück nach Kamenka zu meinen Eltern. Wie fühlte ich mich nun als verheiratete Frau? War ich froh oder glücklich? Das konnte ich damals gar nicht sagen, denn zunächst hatte sich ja nichts geändert. Mal sehen, was aus meiner Ehe, ja überhaupt aus meiner Zukunft werden würde. Zu träumen wagte ich nicht, denn bisher war mein Weg stets fremdbestimmt gewesen. Konnte ich mein Schicksal in die Hand nehmen, Zukunftspläne schmieden, mir Ziele setzen? Nein, ich konnte nur beten und das annehmen, was der liebe Herrgott mir gab. «Herr, Dein Wille geschehe, auch wenn ich es nicht verstehe.»

Schon bald bekam ich Post von Christian. Er schrieb, dass er einen Antrag auf Familienzusammenführung gestellt habe. Dahinter verbarg sich allerdings eine lange bürokratische Prozedur. Zuerst einmal mussten sich unsere Ortskommandanten einverstanden erklären, dann ging der Antrag in die Kreisstadt Swerdlowsk, wo über jeden Fall einzeln und akribisch entschieden wurde. In dieser Zeit hing vieles von der Willkür des Kommandanten ab. Mein Kommandant, wie bereits erwähnt ein Kriegsveteran und ein ausgesprochener Deutschenhasser, war dagegen, mich ziehen zu lassen. Ihm war schon seit Längerem ein Dorn im Auge, dass sich die Reihen seiner Deutschen in Kamenka lichteten. Immer mehr junge arbeitsfähige Frauen zogen nach der Heirat weg. Deshalb bestand er darauf, dass Christian in Kamenka wohnen sollte. Schließlich brauchte er Waldarbeiter, die ihm seinen Fünfjahresplan erfüllten. Die Zeit des Wartens begann: Ein Monat verging und noch einer. Christian schrieb mir oft, und immer noch war die Erlaubnis nicht gekommen. Wir hatten uns vorgenommen, zu Ostern, also Ende April eine kleine Hochzeitsfeier in Kamenka zu halten. Schon hatte er Stoff für das Brautkleid und den Schleier besorgt. Feiern wollten wir nämlich auf jeden Fall, auch ohne offizielle Erlaubnis zum Zusammenleben. Und dann spielte auch eine andere Überlegung eine Rolle: Das Fest musste vor dem Einsetzen der Schneeschmelze begangen werden, denn Christian hatte vor, mit seiner Mutter auf dem Pferdeschlitten zu kommen. Auf dem Weg war jedoch ein zugefrorener Fluss zu überqueren, und da war es sicherer, die Hochzeit bald zu feiern.

Mittlerweile waren meine Stiefmutter und meine Tante eifrig bei den Vorbereitungen. Ganze Nächte verbrachten sie damit, das Brautkleid zu nähen. Ein Schwein wurde geschlachtet, bald erfüllte Kuchenduft das Haus, und dann wurde die kleine Hochzeitstafel gedeckt. Alle Deutschen waren eingeladen, auch ein paar Russen, von deren Wohlwollen vieles für uns abhing. Wir feierten nach deutschem Brauch. Da alle Geistlichen, sofern sie noch lebten, im Gefängnis saßen, war es nun an den Frauen, die Trauung vorzunehmen, ganz so wie wir sie von früher aus der Kirche kannten. Meine Freunde und Landsleute machten es sehr gut. Ich fühlte mich an meine Jugend erinnert, an die Kirche, an bessere Zeiten. Und endlich war es soweit: Die Haustrauung fand im Haus meiner Tante statt. Das Kruzifix aus Messing und zwei Kerzen standen auf dem Tisch, und bald schon wurden die richtigen Lieder angestimmt, genau wie in der Kirche. Es war sehr feierlich. Wir bekamen den Segen und dann gingen wir hinüber ins Haus meiner Eltern, um mit den Gästen zu feiern.

Die Hochzeit wurde ein fröhliches Fest. Es wurde gesungen und gelacht, Gedichte wurden vorgetragen, Gratulationen überbracht, auch war der Tisch reich gedeckt. Die wenigen Russen unter uns wunderten sich, dass es weder Betrunkene noch Schlägereien gab. Leider konnten wir nicht tanzen, dazu fehlte der Platz.

Nach der Feier wurden alle Tische und Stühle hinausgebracht und auf dem Fußboden Schlafmöglichkeiten für die Gäste, die aus anderen Dörfern gekommen waren, vorbereitet. Das Haus war voll. Für das jungvermählte Paar fand sich schließlich ein Ehrenplatz auf zwei aneinandergeschobenen Tischen. Das war unsere Hochzeitsnacht, auf zwei Tischen, inmitten aller Hochzeitsgäste. Ein wenig grotesk war es schon. Natürlich ist auch hier noch nichts passiert, es sollte noch eine Weile dauern, bis wir als Mann und Frau zusammen sein konnten.

Am nächsten Morgen begleitete ich meinen Mann und meine Schwiegermutter bis zum Dorfausgang. Sie hatten es eilig, weil die Temperaturen für die Jahreszeit bedenklich anstiegen und sie fürchteten, bei der Überquerung des Flusses Probleme zu bekommen. Ihre Sorge war nicht unbegründet, denn tatsächlich begann das Eis schon stellenweise zu brechen. So gerade eben schafften sie es noch ans andere Ufer.

Der Frühling zog ins Land, und der kurze uralische Sommer neigte sich bereits dem Ende zu, als der Kommandant mich am 5. August zu sich bestellte. Er teilte mir mit, dass es mir nun erlaubt sei, zu meinem Mann nach Karpinsk zu ziehen. Zwischen Christian und mir war ausgemacht, dass er mich abholen würde. Der Kommandant jedoch forderte mich auf, innerhalb von einem Tag das Dorf zu verlassen, sonst würde er die Papiere einfach wieder zurückschicken. Ob ich das überhaupt schaffen konnte, interessierte ihn nicht. Ich sollte nur verschwinden. Ich ließ mir die Papiere sofort aushändigen und versprach, ihm nicht mehr unter die Augen zu kommen.

Wir alle waren schockiert. Wie sollte ich ganz allein und so plötzlich die achtzig Kilometer mit Gepäck durch den Wald laufen? Mein Vater hatte die rettende Idee. Einmal im Monat fuhr ein alter russischer Nachbar mit dem Pferdewagen nach Lobwa, um Lebensmittel für das Geschäft in unserem Dorf einzukaufen. Den fragte er, wann die nächste Tour fällig sei. Da beschloss dieser alte Mann, noch am selben Tag nach Lobwa zu fahren und mich auf dem Pferdewagen mitzunehmen. Meine Stiefmutter packte mir auf die Schnelle einen kleinen

Koffer zusammen. Mein Brautkleid sowie Kranz mit Schleier kamen hinein und soviel Kleidung, dass ich mich gerade einmal umziehen konnte. Mehr ging nicht mit.

Am Abend holte mich der Alte ab, und wir bestiegen seinen Pferdewagen. Die Fahrt war kein Spaß. Der Wagen rumpelte über Baumwurzeln und -stämme. Ich wurde furchtbar müde und nickte ein. Jedes Mal, wenn der Wagen über eine Unebenheit polterte, fiel ich vom Wagen und mein Köfferchen dazu. Um uns herum nur die schwarze Nacht. Schnell packte ich meine einzige Habe, drückte sie mit beiden Händen vor die Brust. Ich kauerte mich auf den Wagen, nickte aber schon bald wieder ein. Hoffentlich bleibt mein Brautkranz heil, dachte ich nur.

In Lobwa angekommen, telegraphierte ich Christian: ‹Ich nehme den Zug und bin am 7. August in Karpinsk bei dir.› Christian war außer sich vor Freude. Er fragte seinen Vorgesetzten nach einem Pferd, um seine junge Frau vom Bahnhof abzuholen. Der freute sich mit ihm und machte sogar eine Kutsche ausfindig, ein vorrevolutionäres Modell, das die Zeit eingemottet überdauert hatte. Dass man solche Kutschen zur Zeit des Zaren als Totenwagen für gut Betuchte nutzte, störte die beiden nicht. Das hier war ein Unikat, eine echte Rarität. Die Braut würde staunen. Christian putzte die Kutsche, nahm das schönste Pferd, platzierte seine Geschwister auf dem Bock, und dann ging's los zum Bahnhof.

Doch als der Zug einlief, war keine Braut da. Wieder und wieder suchte er den Bahnsteig ab. So eine Enttäuschung! War etwas passiert?

In der Zwischenzeit hatte ich ein weiteres Mal telegraphiert. In Lobwa hatte ich den Zug verpasst, weil ich natürlich noch anstehen musste. Die Formalitäten der russischen Bürokratie wollten auch hier beachtet sein, und so musste ich viel zu lange auf neue Arbeitspapiere warten. Ich kündigte Christian meine Ankunft für den nächsten Tag an, denn der Zug nach Karpinsk fuhr nur einmal täglich. Christian wollte sich aber nicht noch einmal die Blöße geben und fuhr am nächsten Tag ganz schlicht und einfach mit der Straßenbahn zum Bahnhof.

Als ich dem Zug entstieg, war er überglücklich. Er nahm mich in den Arm und sagte: «Möge Gott geben, dass wir so gemeinsam alt werden.» Wir hielten uns lange umschlungen. Und dann brachte er mich nach Hause, wo schon seine Mutter auf uns wartete. Hier also sollte ich wohnen, das war mein neues Zuhause, doch eine Zukunft.

Meine Schwiegermutter begrüßte mich sehr herzlich. Dann trat eine ärmlich gekleidete junge Frau vor mich hin, sehr schlank und blass. Sie hatte einen dreijährigen rothaarigen Jungen bei sich und stellte sich als meine Schwägerin Emilie mit ihrem Sohn Jakob vor. Ihr Mann Philipp war Christians Bruder. Diese Familie bewohnte den Anbau des Hauses. Unsere Hälfte bestand aus insgesamt zwei Räumen: Küche und Schlafzimmer. Hier sollten wir nun zu dritt wohnen: meine Schwiegermutter, Christian und ich.

Das Haus war sehr sauber und aufgeräumt. An den Fenstern hingen Gardinen aus gestärktem Mullstoff, auf den Betten lagen Decken, allerdings ohne Bezüge. Am nächsten Tag kam Christians andere Schwester, Frieda, eine sehr sympathische junge Frau mit Baby. Und schließlich lernte ich auch die letzte Schwester, Maria, kennen. Auch sie hatte Kinder, drei an der Zahl, alle bildhübsch, wenn auch bettelarm. Maria wohnte mit ihrer fünfköpfigen Familie in einem Zimmer, wo sie auch noch ein Kälbchen hielten, um sich das Überleben zu sichern. Ich hatte für die Kinder Bonbons mit und sehe noch heute das Strahlen in ihren Augen.

Ursprünglich wollten wir hier in Karpinsk eine kleine Feier anlässlich unserer Vermählung geben. Doch wir überlegten es uns schnell anders, da wir das Geld dringend für andere Anschaffungen benötigten. Wir bestellten jedoch den Fotografen, der Christians Freund war, und zogen uns eigens zu diesem Anlass noch einmal unsere Hochzeitskleidung an.

Meine Schwiegermutter und meine Schwägerin hatten für die geplante Feier ein alkoholisches Getränk angesetzt, das man «Braschka» nennt. Es besteht nur aus Hefe, Zucker und Wasser. Auch ohne Feier wollten wir das Getränk an einem meiner ersten Tage in Karpinsk probieren. Die Schwägerinnen, meine Schwiegermutter und ich fanden es gar nicht so übel, und so merkten wir nicht, dass wir schon ein wenig zu viel davon hatten. Als Christian gegen Abend nach Haus kam, fand er uns alle in Hochstimmung vor.

Christian hatte einige Tage Urlaub. Er arbeitete nicht wie viele andere in der Kohlegrube, sondern als Schmied in einem landwirtschaftlichen Betrieb. Dort beschlug er hauptsächlich Pferde und hatte Freude an seiner Arbeit. Die freien Tage hätte er normalerweise dazu genutzt, für seine Kuh Heu zu mähen. Die meisten unserer Landsleute sicherten sich das Überleben dadurch, dass sie eine Kuh und etwas Kleinvieh hielten. Urlaubstage wurden deshalb von allen für die Heu- und Kartoffelernte genutzt. Es traf sich nun, dass ich Anfang August in Karpinsk ankam. Und das hieß: Wir konnten gemeinsam ins Heu fahren! Das sollten unsere Flitterwochen werden. Hier erst kamen wir zusammen als Mann und Frau. Unser Eheleben begann.

III. 1952–1974

Den Alltag meistern

Unser erster gemeinsamer Heuschober wurde schief. Ich stand oben, und Christian reichte mir von unten das Heu, damit ich es ausbreiten und schichten konnte. Als der Heuschober fertig war, hatte er eine Schlagseite und drohte umzukippen. Aber Christian wusste sofort eine Lösung: Er band ihn mit einem Strick am Baum fest. Ich wollte mich kaputtlachen, einen angebundenen Heuschober hatte ich noch nie gesehen. Christian schmunzelte nur verlegen, ich glaube, die Sache war ihm ein wenig peinlich.

Flitterwochen in der Natur könnten so romantisch sein, wäre da nicht die schwere Arbeit und die ganze Plackerei – und dann natürlich noch eine Mückenplage, die ihren Namen wahrlich verdiente, weil wir uns vor ihr nicht zu schützen wussten. Wir zogen uns langärmlige Hemden und lange Hosen an, und trotz der sommerlichen Hitze trug Christian lange Unterhosen. Gesicht und Hände waren von den unzähligen Mückenstichen geschwollen. Nachts war an Schlaf nicht zu denken. Wir machten Feuer und versuchten die Biester durch den Rauch fernzuhalten. Christian beschäftigte sich die halbe Nacht mit dem Pferd, das ebenfalls von Mücken gequält keine Ruhe fand.

Zwei Wochen waren wir allein im Wald. Wir arbeiteten hart, den ganzen Tag wurde gemäht. Das Heu wurde gewendet, getrocknet und auf Schober geschichtet. Über dem offenen Feuer machten wir uns das Essen. Aus kleinen Baumstämmen bauten wir für die Nacht ein Dach über dem Kopf.

Bald schon entdeckten wir ganz in der Nähe unseres Feldes weitläufige Wiesen, die mit Waldpreiselbeeren bedeckt waren. Wie hingestreut funkelten die prächtig roten Früchte in der Sonne. Uns lief das Wasser im Mund zusammen. Vor der Rückreise pflückten wir so viel wir konnten, und zu Hause angekommen, beschlossen wir, noch einmal an die Stelle zu fahren – immerhin vierzig Kilometer für einen Weg – um so viel zu pflücken, dass der Vorrat für den Winter reichen würde. Diesmal kam meine Schwägerin mit, und mit ihr alle Eimer, Becher und Behälter, die wir auftreiben konnten. Ich hätte beinahe vergessen zu erzählen, dass morgens auch schon einmal frische Bärenspuren auf der Lichtung zu sehen waren. Auch Bären mögen Preiselbeeren. Hoffentlich würden wir ihnen nicht begegnen.

Unsere Ernte war gigantisch: Ganze 15 Eimer reifer Waldfrüchte brachten wir nach Hause. Leider konnten wir sie nicht einkochen, wir hatten keinen Zucker. Aber auch hier wussten wir uns zu helfen. Nach dem Verlesen breiteten wir die Beeren fein säuberlich auf dem Boden hinter dem Haus aus. Der erste Frost ab Oktober übernahm dann die Konservierung, sodass wir einen wunderbaren Vorrat für den ganzen Winter hatten. Ab und an wurde das Gerücht verbreitet, es gebe Zucker im Geschäft. Das war wie ein Startsignal: Jeder, aber auch wirklich jeder in der Familie stellte sich in den langen Schlangen an, schon Stunden vor Ladenöffnung, manchmal mitten in der Nacht und in bitterster Kälte. Und jeder kaufte soviel, wie pro Person herausgegeben wurde. Mit unserer Beute konnten wir endlich auch einkochen, bis uns das Geschirr ausging. Köstlich schmeckte im Winter der Tee aus Preiselbeeren, mit heißem Wasser verdünnt, manchmal mit Zucker gesüßt. Einfach herrlich.

Doch natürlich lebten wir nicht allein von Beeren. Im Wesentlichen ernährten uns Kartoffeln. Im September holten wir die Kartoffelernte ein. Das war wieder harte Arbeit, denn wir sammelten an die fünfzig Sack oder 500 Eimer. Den Vorrat brauchten wir nicht nur für uns, auch die Kuh und das Schwein forderten ihren Anteil.

Vor dem Einbruch des Winters wurde neben der Vorratsbeschaffung das Haus gründlich geputzt und die Wände mit Kalk geweißt. Zum ersten Mal machte ich mich in der neuen Heimat an diese Arbeit, genau beobachtet von meiner Schwiegermutter. Ich holte Kalksteine und übergoss sie mit einer bestimmten Menge kalten Wassers, wobei passierte, was passieren muss: Der Kalk fängt an zu kochen. Dabei wird er gerührt, bis er schön weiß wird und wie frisch gerührte Sahne aussieht. Ich fügte dann ein wenig blaue Farbe hinzu und rührte kräftig weiter. Apropos rühren: Die Pinsel hatten wir natürlich selbst gemacht, und zwar aus Bast. Und nicht nur Pinsel, auch die Schwämme zum Waschen wurden so gefertigt. Der Körper wurde mit den selbst gemachten Bastschwämmen eingeseift und ordentlich gewaschen.

Nachdem die Wände geweißt waren, kamen die Fenster dran. Sie wurden geputzt, die doppelten Fensterrahmen für den Winter eingesetzt, die Gardinen gewaschen, gestärkt und angebracht.

Inzwischen hatten wir Dezember, und ich bekam die lang ersehnte Genehmigung, meine Eltern in Kamenka zu besuchen und meine Sachen zu holen. Wieder war es Christians Vorgesetzter, der sich etwas Besonderes für mich einfallen ließ. Ein Schimmel sollte es diesmal sein: «Damit deine Frau die Aussteuer abholen kann.» Wir lebten wie die Fürsten, auch wenn ich nur ein paar Habseligkeiten mein Eigen nannte. Wir hatten endlich einmal gut gegessen – «Eine Kuh deckt alle Armut zu», hieß es bei uns – und waren fröhlich gestimmt. Christian setzte mich wie eine Königin auf den Schlitten und wickelte mich in den geliehenen «Tulup» (einen langen, aus Schaffellen genähten Pelz). Vor uns lag die romantischste Reise unseres Lebens: ein schmaler Pfad durch den winterlichen

Wald. Mir war warm und wohl in dem Pelz, und ich genoss die Fahrt in der klaren kalten Luft. Hier erlebte ich den Zauber des russischen Winters, wie ihn viele Schriftsteller, nicht zuletzt Boris Pasternak in «Doktor Schiwago», beschrieben hatten. Keine Menschenseele begegnete uns. Nur hie und da war ein Knistern oder Krachen zu hören oder das Schlagen eines Spechtes. Der Schlitten glitt lautlos durch den glänzenden Schnee und hinterließ eine Spur wie eine weiße Schleppe, immer weiter und weiter. Vor uns lag endlose Weite, ein schieres, reines Weiß.

Bald kamen wir an eine tief verschneite Försterhütte. Der Schimmel bekam dort sein Futter, und die Försterfrau bat uns herein auf einen heißen Tee. Das war sie, die legendäre russische Gastfreundschaft. Der Förster und seine Frau staunten nicht schlecht, als Christian erzählte, wir wären unterwegs, um die Mitgift der Braut abzuholen. Das hörte sich in dieser armen Zeit ganz märchenhaft an. Die beiden wünschten uns immer wieder Glück für unsere Zukunft, sehr herzlich und überschwänglich.

Meine Eltern waren außer sich vor Freude, so lange hatten wir uns nicht gesehen. Schon wieder wurden wir fürstlich bewirtet. Sie hatten bereits ein Schwein geschlachtet und eigene Wurst gemacht. Wir feierten unser Wiedersehen und blieben zwei Tage, so viel gab es zu erzählen und Neuigkeiten auszutauschen. Schließlich bekam ich meine Mitgift, eine große Kiste – ein Meter breit und einen halben lang –, die wir auf den Schlitten luden. Was war drin? Vor allem Wäsche, die meine Stiefmutter selbst genäht und gestickt hatte, sowie einige Kleider. Außerdem bekam ich eine Ziege. Diese sollte ich auf Geheiß meiner Eltern verkaufen und davon Stoff für einen Wintermantel besorgen. Den Mantel würde meine Stiefmutter nähen. Außerdem bekam ich noch 700 Rubel bares Geld. Schließlich traten wir den zweiten Teil der romantischsten

Reise unseres Lebens an, diesmal mit einer meckernden Ziege im Kasten hinter uns.

Zu Hause angekommen, gelang es uns tatsächlich, die Ziege auf dem Markt zu einem guten Preis zu verkaufen, und schon bald darauf erzählte mir eine Bekannte, sie habe einen schönen Stoff gesehen, der sich gut als Wintermantel machen würde. Also machte ich mich mit meiner Schwägerin Emilie auf den Weg. Das Geld hatte ich in ein Portemonnaie, und dieses einfach in die Seitentasche meiner «Fufajka» gesteckt. Meine Schwiegermutter warnte mich noch: «Gib acht auf dein Geld! Es gibt genug Kriegswaisen, die obdachlos herumstreunen und sich als Taschendiebe durchschlagen.» «Ach», entgegnete ich selbstbewusst, «ich bin noch nie bestohlen worden.» Als wir schließlich in das Geschäft kamen, o je, war der Stoff schon ausverkauft. Ich war enttäuscht. Wir hatten uns also vergebens auf den Weg gemacht. Nun wollten wir uns wenigstens ein Brötchen kaufen, langsam wurden wir hungrig. Als ich in dem Gedränge nach meinem Portemonnaie greifen wollte, um das Brötchen zu bezahlen, merkte ich gerade noch, wie es mir aus der Tasche gezogen wurde. Ich sah auch, wie der Dieb es weiterreichte. Sein Komplize reichte es seinerseits an einen anderen weiter: Da war mein schönes Geld, meine Mitgift, der Erlös aus dem Verkauf der wohlgenährten und gut gepflegten Ziege. «Er hot's, er hot's», schrie ich, außer mir vor Schreck und nicht darauf achtend, dass mein Dialekt schwer verständlich war. Meine Schwägerin Emilie, eine Wolgadeutsche, fragte: «Was sagst du da?» «Mila, er hot's, mei Geld, er hot's», wiederholte ich. Emilie wollte sich kaputtlachen über meine Reaktion und über meinen Dialekt. Ich aber brach in Tränen aus und hatte nur eine Sorge: Wie sollte ich das nur meiner Schwiegermutter erklären, die mich ja gewarnt hatte. Christian würde das schon verstehen. Aber die Schwiegermutter!

Ich sollte doch noch zu einem Mantel kommen, denn ich hatte ja noch das Bargeld von meinen Eltern. Bereits bei meiner Ankunft in Karpinsk hatte mir Christian ein paar ganz besonders wertvolle Lederstiefel geschenkt, die er selbst geschustert hatte. Er hatte nämlich in jungen Jahren eine Ausbildung als Schuster gemacht, als er wegen einer schweren Krankheit von der Zwangsarbeit befreit gewesen war. Er hätte diesen Beruf auch ausüben können, arbeitete aber lieber als Schmied. Für den eigenen Bedarf in der Familie schusterte er aber das Fußzeug weiterhin, wann immer es ging. Ich mochte nie sagen, mein Mann ist Schuster, denn dieser Berufsstand galt bei den Russen nicht viel. Die Schuster standen in dem Ruf, die größten Säufer aller Zeiten zu sein, was auf Christian nicht zutraf. Die Stiefel waren eine ganz besonders liebevolle Arbeit, ja beinahe ein Kunstwerk. Das Leder war schwer erhältlich und kostete ein Vermögen. Für kein anderes Familienmitglied hatte Christian je so wertvolle Stiefel geschustert, nur für mich. Zu den wunderbaren Stiefeln hätte ich nun auch gern einen anständigen Mantel getragen und nicht die leidige «Fufajka», die gesteppte Einheitsmode aller Sowjetproletarier. Hierzu muss ich aber anmerken, dass alle Menschen damals im Winter sehr trist gekleidet waren: schwarze Filzstiefel, grau wattierte Steppjacken, die Frauen mit dicken Kopftüchern.

Im nächsten Winter, 1953/54, bekam ich dann endlich meinen lang ersehnten Wintermantel, eigenhändig von meiner Stiefmutter genäht, hinten kunstvoll in vier Falten gelegt, tailliert und figurbetont. Jung und schlank, wie ich damals war, mit Mantel und Lederstiefeln, sah ich aus wie aus einem Modemagazin. Christian war sehr stolz auf seine junge Frau, und die zog den Neid der Schwägerinnen auf sich.

Und noch in anderer Hinsicht hatte ich Glück: Ich hatte eine zeitlich befristete Stelle gefunden, bei der ich keine Schwerstarbeit leisten musste. Vorübergehend hielten sich Geologen in

Karpinsk auf, vermaßen die ganze Gegend, und ich arbeitete als ihre Assistentin. Im Vergleich zu all dem davor war dies sehr angenehm. Jahre später wurden die von uns angefertigten Zeichnungen und Vermessungsergebnisse für die Bebauung der Stadt zugrunde gelegt. Auf ihrer Basis entstand später das Stadtzentrum von Karpinsk.

Zu diesem Zeitpunkt besaßen wir bereits ein Arbeitsbuch, das heißt, die geleistete Arbeit sollte uns für eine Art Rente angerechnet werden. Paradoxerweise hatten wir aber keine Personalausweise. Immer noch waren wir Deutschstämmigen der Spezialkommandantur unterstellt, waren Nummern, keine Personen mit Bürgerrechten vor dem Gesetz. Dafür mussten wir alle 14 Tage persönlich beim Kommandanten erscheinen und per Unterschrift bestätigen, dass wir noch lebten und die uns zugewiesenen Sondersiedlungen nicht verlassen hatten.

Aber mich plagten ganz andere Sorgen: Ich wurde und wurde nicht schwanger. Wie immer setzte ich meine Gebete fort. Denn auch wenn die Zeiten für mich besser wurden, das Beten vergaß ich nie, und die tiefe Sehnsucht nach Gott sollte mich mein ganzes Leben begleiten. Ich bat um ein Kind, ich flehte geradezu. Dass man Kinder allerdings nicht vom Beten bekommt, war auch mir klar. Unser Eheleben jedoch war voller Hindernisse. Allein die Enge: Zu dritt teilten wir uns einen Raum. Das Bett meiner Schwiegermutter stand in demselben Raum, in dem auch wir schliefen, und war nur durch einen Tisch von unserem Bett getrennt. Christian und ich konnten uns erst einander nähern, wenn meine Schwiegermutter in tiefen Schlaf gefallen war. Musste das so sein? Mussten wir immerfort ein Zimmer teilen? Meine Schwiegermutter hätte ja auch in dem Raum schlafen können, den wir als Küche nutzten, lehnte es jedoch kategorisch ab. «Plötzlich geht es mir schlecht in der Nacht, und ihr merkt es dann nicht!» So sprach eine Frau mit 57 Jahren, die kerngesund war. Meine Freundinnen zogen mich schon auf: «Kein Wunder, dass du keine Kinder hast, wenn deine Schwiegermutter dazwischen liegt.» Das saß und gab mir ernstlich zu denken. Selbst bei der Heuernte, wo wir endlich einmal allein und ungestört waren, spielte sich zwischen Christian und mir nicht viel ab – hier waren die Mücken die ewigen Störenfriede. Sie stürzten sich auf jedes Stückchen nackter Haut.

Einmal in der Woche gingen wir alle in die «banja», ein öffentliches Badehaus, um uns gründlich zu waschen. Dieses Badehaus war für Frauen und für Männer getrennt. Allerdings gab es für Ehepaare auch die Möglichkeit, gemeinsam, das heißt nur zu zweit, in die Sauna zu gehen. Emilie, meine Schwägerin, brachte mich auf die Idee. Sie meinte, sie würde mit ihrem Philipp immer in die Sauna gehen, das sollte ich mit Christian doch auch einmal ausprobieren. Die russische Sauna war eigentlich nichts für uns. Unter den Russen war sie jedoch sehr begehrt. Man ging dorthin, um zu schwitzen, zu entschlacken und eine richtig «porentiefe» Reinigung des Körpers vorzunehmen. Man beklopfte sich sogar gegenseitig mit kleinen Reisigbesen, um die Durchblutung anzuregen. Für uns war das sehr fremd, wir hielten es für einen typisch russischen Brauch. Aber dann ließen wir uns doch von Emilie überreden. Nur Christian und ich, ganz allein. Hier, nach fast drei Jahren Eheleben, sahen wir uns zum ersten Mal nackt.

Später im Jahr suchte ich endlich einen Arzt auf. Der stellte fest, dass ich keine Kinder bekommen würde. Ein Gebärmutterknick und andere Leiden waren die Ursache, die ich wohl von der schweren Arbeit im Wald davongetragen haben musste. Für mich brach eine Welt zusammen. Ich war sehr unglücklich über meine Kinderlosigkeit. Ich betete: «Lieber Gott, lass ein Wunder geschehen.» Vielleicht würde sich ja doch eines

Tages aller Diagnosen zum Trotz eine Schwangerschaft einstellen. Auch fragte ich Christian, ob wir nicht ein Kind adoptieren sollten. Da war er aber strikt dagegen. Ein Kind zu adoptieren, wäre selbst für uns, die erklärten Volksfeinde möglich gewesen, denn die Waisenhäuser waren seit dem Krieg überfüllt. Christian aber wollte nur eigene Kinder. Alle meine Freundinnen hatten welche und kannten bei unseren Treffen nur ein Thema. Nur ich war dann immer still. «Ach, Magdalena, dann erzähl du uns doch von deiner Schwiegermutter, mmh?», wollten sie mich einbeziehen. Ein echter Trost waren nur die Kinder meiner Schwägerinnen. Ihnen galt Christians und meine ganze Liebe.

Stalin stirbt – wir leben weiter

Wir besaßen weder Radio noch Fernsehen. Stattdessen gab es sowjetische Propagandablätter, die aber niemand von uns ernsthaft las. Was sich heute keiner mehr vorstellen kann: In allen öffentlichen Gebäuden wurden wir über Lautsprecher von der sowjetischen Propaganda berieselt. An jedem Bahnhof, auf dem Roten Platz der Stadt, in Schulen, in Betrieben: Überall waren Lautsprecher angebracht, die den ganzen Tag über den Stand der Erfüllung des Fünfjahresplanes, über unsere Feinde, die westlichen Imperialisten, über den glorreichen Sieg der Russen über die deutschen Faschisten «informierten».

Eines Tages, ich erinnere mich noch wie heute, es war am 5. März 1953, wurden wir per Lautsprecher über den Tod «unseres Führers, Lehrers und Freundes aller Werktätigen», das heißt über den Tod von Josef Wissarionowitsch Stalin informiert. Niemals zuvor empfand ich solche Freude über den Tod eines Menschen, wie damals über den Stalins. So wie mir erging es allen Russlanddeutschen und auch unzähligen Russen, selbst manchen Kommunisten, die sich unter Kommunismus etwas anderes vorgestellt hatten als Stalins Terrorregime. Sie alle hofften nun auf bessere Zeiten. Es gab aber auch sehr linientreue Stalinisten, die, ganz dem Personenkult verhaftet, echte Trauer über den Tod des großen Führers empfanden. Vor allen öffentlichen Gebäuden hing die schwarze Fahne auf Halbmast, aus den Lautsprechern klangen Trauermärsche, alle hatten den Kopf zu senken und Trauer zu bekunden.

Zu jener Zeit endete meine Anstellung bei den Geologen, und ich war vorübergehend ohne Arbeit. Zusammen mit meinen Schwägerinnen besuchte ich einen Nähkurs, der in den Abendstunden stattfand. Dieser Kurs wurde von einer russischen Lehrerin geleitet, und die meisten Teilnehmerinnen waren junge Russinnen. Meine Schwägerinnen und ich hatten oft Verständigungsschwierigkeiten, weil ganz vor allem meine Russischkenntnisse noch sehr dürftig waren. Ein Umstand, der aber auch immer Quelle amüsanter Begebenheiten war. In dem Kurs nähte ich meinem Mann seine erste kurze Unterhose, an die er sich noch gewöhnen musste, denn er kannte bis dahin nur lange. Dann beehrte ich ihn mit einem Unterhemd aus weißer Baumwolle, und danach endlich nähte ich mir ein farbenfrohes Sommerkleid.

Als unsere Nählehrerin am Abend des 5. März den Raum betrat, war sie ganz in Schwarz gekleidet. Mit zittriger Stimme teilte sie uns mit, dass uns heute Genosse Stalin für immer verlassen habe, und brach anschließend vor versammelter Mannschaft in Tränen aus. Meine Schwägerinnen und ich sahen uns nur an, sagten aber nichts. So war es immer in all den Jahren in Russland gewesen: Nie konnte man seinen Gefühlen freien Lauf lassen, nie einmal die Meinung frei äußern. Stattdessen mussten wir die Jubiläen und Feiertage der Kommunisten mitfeiern, waren dazu angehalten, die deutschen Faschisten (zu denen man auch uns zählte), zu verdammen und die Untaten der Kommunisten zu preisen. Wir waren tatsächlich unterdrückt, in jeder Hinsicht. Wir sprachen schlecht Russisch und konnten allein schon deshalb unsere Meinung nicht gut äußern. Wir hatten kein Sprachrohr und keine Vertretung. Alles, was von uns verlangt wurde, war Arbeit, Arbeit, Arbeit, je schwerer, desto besser.

Was erhofften wir uns von Stalins Tod? Genau wie die Russen hofften auch wir, dass der Terror nun ein Ende finde, dass die unschuldig Gefangenen und Verbannten entlassen würden und zu ihren Familien nach Hause zurückkehren könnten. Man erhoffte sich im Allgemeinen mehr Freiheiten, mehr Recht auf Eigentum. Und wir Deutschen erhofften uns die Aufhebung der Spezialkommandantur und der erniedrigenden Meldepflicht, die uns völlig isolierte und am Reisen, wohin auch immer, hinderte. Wir wollten uns wenigstens im Land frei bewegen dürfen und den Sowjetbürgern rechtlich gleichgestellt sein.

Aber hätte ich mich damit auch zufriedengegeben? Nein. Nicht einmal in einem etwas freieren Sowjetstaat wollte ich den Rest meines Lebens verbringen. Der Staat würde immer ein totalitärer bleiben. Nicht einmal als vollwertiger Sowjetbürger wollte ich leben, wollte überhaupt kein Sowjetbürger sein. Ich wollte kein Kommunist sein, ich wollte nicht nur Russisch sprechen müssen. Dies war nicht mein Land. Dies war nicht meine Heimat. Und deshalb hatte ich nur ein Ziel: Ich wollte nach Deutschland, wo man meine Sprache sprach, wo ich meine Religion praktizieren durfte, wo die Gräber meiner Verwandten lagen, wo das Schicksal sich tief in mein Leben eingeprägt hatte. Nur dort würde ich wirklich frei sein. Ein Zurück nach München bei Odessa gab es nicht. Wir erfuhren, dass man dort unsere deutschen Dörfer ausgelöscht hatte, dem Erdboden gleichgemacht. Ihre Bewohner waren in alle Welt zerstreut: Einige in der Bundesrepublik, einige bereits in Übersee, die meisten waren in den Sondersiedlungen im hohen Norden oder im asiatischen Teil der Sowjetunion als Zwangsarbeiter, doch die allermeisten längst tot. Sollte es für mich jemals eine Zukunft geben, dann nur in Deutschland, das stand für mich fest.

Nun also war Stalin endlich tot. Und was änderte sich für uns? Fast nichts. Unter Chruschtschow zunächst das Recht auf Eigentum: Wenn man unter Stalin nur eine Kuh für den eigenen Bedarf haben durfte, dann waren jetzt zwei erlaubt. Unter Stalin waren die Eigentumsrechte überhaupt sehr stark eingeschränkt. Jeder Besitzer einer Kuh musste im Jahr 360

Liter Milch an den Staat abliefern. Konkret bedeutete das für uns, mit unserer Milch Tag für Tag in die staatliche Molkerei zu gehen. Hier wurde die Milch entrahmt. Die Sahne behielt der Staat, die fettarme Milch durften wir wieder zurück nach Hause nehmen. Wenn die Kuh gekalbt und man das Kalb geschlachtet hatte, musste man fünfzig Kilo Fleisch an den Staat abliefern. Dafür bekamen wir nichts. «Überschüssiges» Eigentum wurde konfisziert. Man bedenke, welche Arbeit wir mit der Kuh hatten. Die Heuernte im Sommer, bei der es ja um die Beschaffung des Futters ging, war unser einziger Urlaub und das, obwohl wir ja auch noch voll arbeiteten.

Natürlich war die Sowjetunion zu dieser Zeit bettelarm, und es hieß, dass die fetthaltige Milch den vielen Waisenkindern in den überfüllten Heimen zugute kommen würde. Aus den Lautsprechern tönte, wir alle würden zum Wohle unseres Vaterlandes für eine lichte Zukunft im Kommunismus arbeiten. Die Realität sah jedoch anders aus. In den Kinderheimen kam nur ein Bruchteil an, denn es herrschte der übliche sozialistische Schlendrian: Verschwendung, Korruption, Bestechung. Und das Schlimmste von allem war: die neue Aufrüstung. Die Sowjetunion wollte im Kalten Krieg bestehen, und dafür war in dem immer noch armen Land jedes Mittel, jeder materielle Einsatz recht. Überall entstanden neue Betriebe, die für die Rüstung arbeiteten. Das Feindbild des Imperialismus wurde immerzu über die Lautsprecher propagiert. Es galt, in der Rüstung – und später auch in der Raumfahrt – besser zu sein als die USA. Die Menschen aber blieben bettelarm.

Christian, der die Landarbeit immer geliebt hatte, ließ es sich nicht zweimal sagen: Es dauerte nicht lange, und wir kauften eine zweite Kuh. Obwohl wir mit zwei Tieren noch mehr Arbeit hatten, waren wir froh über unsere bescheidenen Erträge. Denn jetzt durften wir die überschüssige Milch sowie das Fleisch verkaufen und das Geld behalten.

Seit 1955 arbeitete ich im Krankenhaus als Pflegerin. Diese Stellung bekam ich vor allem, weil ich keine Kinder hatte. Schließlich wollte man keine Frauen einstellen, die schwanger werden und ausfallen. Hier im Krankenhaus arbeitete ich mit mehreren deutschen Kolleginnen, aber auch mit sehr vielen Russinnen zusammen. Auch unter den Ärzten gab es Deutsche und Russen, darunter auch Dr. Bauer, einen sehr guten Arzt, den alle respektierten und um fachlichen Rat fragten. Dr. Bauer war Stalins Leibarzt gewesen. Er hatte lange vor dem Krieg seine deutsche Siedlung verlassen, um in Moskau Medizin zu studieren. Dort heiratete er eine Russin, mit der er eine Tochter hatte. Bei Kriegsausbruch wurde er zunächst als Feldarzt an die Front geschickt, wo er in der Sowjetarmee seinen Dienst versah. Doch schon bald wurde er, wie alle Deutschen damals, in den Ural verbannt. Als der Krieg zu Ende war, wartete seine Familie vergebens auf ihn. Auch er war der Spezialkommandantur unterstellt und durfte den Aufenthaltsort nicht verlassen. Zuerst schrieb er noch viel nach Hause, doch dann immer weniger. Dr. Bauer war ein bescheidener Mensch, und auf mich wirkte er immer bedrückt. Noch heute sehe ich ihn vor mir mit seinen blank geputzten Stiefeln, die er zehn Jahre lang trug, tagaus, tagein.

Eines Tages wurde Christian von seinem Betrieb im Winter für zwei Monate in den Wald geschickt. Zusammen mit einem russischen Kollegen erhielt er den Auftrag, eine Schar junger Fohlen zu hüten, die weit draußen in der Tundra überwintern sollten. Christian und sein Kollege bekamen Proviant für einige Wochen und setzten sich in Bewegung. Am Ziel wartete eine kleine Hütte auf sie, die ihnen Unterkunft bot. Es war bereits tiefster Winter, und der Schnee reichte bis zur Gürtellinie. Als die beiden Männer eines Tages ihre Fohlen versorgt hatten und zurück in die Hütte kamen, stand deren Tür weit offen, die Lebensmittel waren verstreut, aus ihren Behältern gekippt und verschüttet, etliches fehlte. Sie wussten sofort: Hier war ein Bär am Werk gewesen, und dann fanden sie auch schon die frischen Spuren im Schnee. Christians Kollege, ein Jäger, ergriff das Gewehr und machte sich daran, den Spuren zu folgen. Wenig später hörte Christian zwei Schüsse. Die beiden hatten echte Beute gemacht – ein Jungbär. Sie zerlegten das Tier und freuten sich auf eine zusätzliche Fleischration. Das Fleisch war bei den winterlichen Temperaturen gut haltbar, und sie konnten ihre Familien mit zartem Bärenfleisch erfreuen. Bärenfleisch zu essen ist aber nicht ungefährlich, wie sich herausstellen sollte. Derselbe Jäger hatte einige Zeit darauf wieder Glück bei der Jagd und verteilte noch einmal Bärenfleisch an seine Verwandten. Doch diesmal bekamen alle schlimme Lähmungen, und manche haben sich davon nie wieder ganz erholt. Dr. Bauer aus meinem Krankenhaus tippte auf Borreliose, die durch Zecken übertragen wird und den Bären infiziert hatte. Das Labor aus der Kreisstadt gab im recht. Fortan war es verboten, Bären zu jagen und ihr Fleisch zu essen.

Im Krankenhaus hatten wir zu den russischen Kolleginnen ein gutes Verhältnis. Sie hatten es ebenfalls nicht leicht, denn sie führten auf ihre Weise den alltäglichen Kampf ums Überleben. Meine russische Kollegin Sina konnte mich nur allzu gut verstehen, als ich ihr berichtete, dass unser teuer erstandenes Ferkel nach wochenlanger Pflege und trotz bester Nahrung einzugehen drohte. Sie sagte: «Weißt du was, Lena? Nimm das Antibiotikum hier mit nach Hause, und spritz es deinem Ferkel. Es ist einem Patienten verschrieben worden, der sowieso im Sterben liegt. Dem wird es nicht mehr nützen.» Ich wusste nicht, ob ich lachen oder weinen sollte. Antibiotika waren sehr wertvoll zu der Zeit. Ich mochte das Angebot nicht annehmen. Sina überzeugte mich aber, dass wir ans Überleben der Lebenden denken müssen und nicht an die Todgeweihten. Ich nahm das Antibiotikum mit, und siehe da, unser Ferkel erholte sich.

1955 bauten wir ein neues Haus, das wesentlich geräumiger war als die bisherige Behausung. Es hatte an die hundert Quadratmeter Wohnfläche, Keller, Dachboden und einen richtigen Garten von beachtlicher Größe. Für das Vieh gab es einen richtigen Stall. Selbstverständlich wurde alles in Eigenleistung gemacht. Unser Haus stand am Stadtrand, ganz in der Nähe des landwirtschaftlichen Betriebs, für den Christian arbeitete. Es war, wie im Ural üblich, aus Baumstämmen errichtet, hatte kunstvoll geschnitzte Fensterrahmen und ein großes Tor, ebenfalls mit Holzschnitzereien. Es sah aus wie ein typisch russisches Häuschen, war aber wesentlich gepflegter und dadurch freundlicher als die Häuser der Russen.

Genau wie alle anderen hatten wir allerdings weder Kanalisation noch Zentralheizung, auch kein fließendes Wasser. Als Toilette diente uns ein kleines Holzhäuschen im Hof. In regelmäßigen Abständen wurde die Toilette geleert, den Inhalt nutzten wir als Dung fürs Kartoffelfeld. Wasser holten wir im Sommer eimerweise mit dem Tragejoch aus einer etwa hundert Meter entfernten Pumpe. Im Winter holten wir es mit dem Schlitten und machten es auf dem Ofen warm. Das Abwasser schütteten wir einfach in den Graben auf der gegenüberliegenden Straßenseite. Im Winter gefror es schnell, im Sommer verdunstete es und trocknete ein.

Essensreste wurden ausnahmslos an die Kühe, das Schwein und die Hühner verfüttert. Selbst Knochen wurden klein gehackt, Eierschalen zerkleinert und wieder verfüttert. An Verpackungsmaterial gab es lediglich Papier, meistens Zeitungspapier. Zeitungen schnitten wir in handliche Stücke und nahmen sie als Toilettenpapier. Wenn es im Geschäft Zucker, Grieß oder Mehl zu kaufen gab, dann wurden sie in selbstgenähte Beutel abgefüllt. Sogar Öl wurde in mitgebrachte Gefäße abgefüllt, alles andere in Zeitungspapier verpackt. Plastikverpackungen gab es überhaupt nicht. War etwas kaputt und nicht mehr zu reparieren, so brachte man es auf die «swalka», einen ewig stinkenden und rauchenden Abfallhaufen außerhalb der Stadt.

Im Winter hielten wir unser Haus warm, indem wir Unmengen von Holz und Kohle verfeuerten. Die dazu nötigen Vorräte legten wir rechtzeitig für den Winter selbst an. Kohle konnten wir in der Kohlengrube günstig kaufen, denn hier in Karpinsk wurde ja Kohle gefördert.

Von unserem neuen Haus hatte ich es nicht weit zu meiner Arbeit im Krankenhaus. Da keine Wege und Straßen dorthin angelegt waren, ging ich einfach am Friedhof vorbei durch einen Streifen sumpfigen Niemandslandes. Auch an zu dem landwirtschaftlichen Betrieb, in dem Christian arbeitete, führte mich mein Weg. Um mir die Strecke zu verkürzen, machte Christian mir einen Geheimweg, indem er am Zaun des Betriebes einen Zaunpfahl lockerte. Ich brauchte ihn nur zur Seite zu schieben, durch das Loch im Zaun zu steigen, und den Pfahl wieder zurechtzurücken. Da ich Schichtdienst hatte, musste ich diesen Weg zu jeder Tages- und Nachtzeit gehen. Vor Überfällen hatte ich aber keine Angst. Man hörte nicht viel über Kriminalität, und in den Zeitungen war dieses Thema tabu. Aber hier, am Rande der Stadt, konnte mir wirklich nicht viel passieren. Man sah nur immer wieder volltrunkene Männer auf der Straße liegen.

Der Alkoholismus war unter den Russen eine regelrechte Plage. So sah ich eines Tages auf meinem Nachhauseweg einen Soldaten in Uniform vor mir hertorkeln, bis er schließlich platschend in einen Graben fiel. Er tastete um sich herum und griff ein Schwein, das sich im Graben suhlte. Hier lag nun der Sowjetsoldat vor meinen Augen, tastete immer abwechselnd nach den zwei Knopfreihen an seiner Uniform und den beiden Zitzenreihen der Sau, bis er erfreut feststellte: «Ach, Genosse, da bin ich ja nicht allein.» Und lallend fuhr er fort: «Den

Knöpfen nach bist du ja auch ein Offizier wie ich. Wir sollten zusammen auf unseren Sieg trinken.» Dieses Bild hat sich bei mir wegen seiner Symbolkraft eingeprägt: Da lag er vor mir, der Sieger der ruhmreichen Sowjetarmee, der die ganze Welt und mich von den Deutschen befreit hatte.

Nicht viel anders erlebte ich die Russen ständig. Der Trinkspruch auf den Sieg über das faschistische Deutschland gehörte zu jedem Saufgelage. Solche Worte wurden ständig von Menschen gesprochen, die in ihrem Alkoholrausch für nicht ganz zurechnungsfähig gehalten werden konnten. Doch jedes Mal spürte ich dann schmerzlich die Demütigung, den Umstand, dass ich mich vor diesen Menschen erniedrigen musste, denn auch ich zählte ja zu den faschistischen Deutschen.

Nue Hoffnung: Bürgerrechte für die Deutschen

Es mussten volle zehn Jahre vergehen, bis die Sowjetregierung zu dem traurigen Kapitel ihrer hoch gepriesenen Nationalitätenpolitik Stellung nahm. Am 13. September 1955 endeten in Moskau die Verhandlungen zwischen Bundeskanzler Konrad Adenauer und der Sowjetregierung.

Noch am Verhandlungstisch soll es harte Auseinandersetzungen über das Schicksal der in der UdSSR festgehaltenen ehemaligen deutschen Wehrmachtsangehörigen gegeben haben, die ja deutsche Staatsangehörige waren. Der Bundeskanzler stimmte schließlich der Aufnahme diplomatischer Beziehungen zwischen der Bundesrepublik Deutschland und der Sowjetunion zu und erreichte dafür die Zusage, dass die noch in Gefangenschaft gehaltenen ehemaligen deutschen Soldaten freigelassen wurden. Jedoch willigte die Sowjetregierung nicht ein, die Russlanddeutschen, die nach dem 21. Juni 1941 in Deutschland eingebürgert worden waren, als deutsche Staatsangehörige anzuerkennen. Das traf mich hart. Denn damals wusste ich noch nicht, dass unsere damalige Einbürgerung im Reich jetzt am 22. Februar 1955 von der Bundesrepublik per Gesetz anerkannt worden war. Damit gehörte also auch ich zu den Zivilisten, über deren Rückführung nach Deutschland Adenauer erstmals im September 1955 in Moskau verhandelte. Für Chruschtschow jedoch blieben wir Sowjetbürger, und deshalb betrachtete er auch die Frage nach den Russlanddeutschen als eine Einmischung in die inneren Angelegenheiten der Sowjetunion. Seine unerbittliche Position sollte auch in den kommenden Jahrzehnten den erfolgreichen Durchbruch in dieser Frage blockieren.

Dennoch erging – und dies ist sicherlich ein Verdienst Adenauers – am 17. September 1955 der erste Ukas des Präsidiums des Obersten Sowjets «Über die Amnestie sowjetischer Staatsbürger, die während des großen Vaterländischen Krieges 1941 bis 1945 mit der Besatzungsmacht zusammengearbeitet hatten.» Und drei Monate später, am 13. Dezember 1955, kam ein Dekret des Präsidiums des Obersten Sowjets der UdSSR heraus, dessen Inhalt ich wörtlich wiedergeben möchte:

«In Anbetracht der Tatsache, dass die bestehenden Beschränkungen in der Rechtsstellung der deutschen Sondersiedler und ihrer Familienangehörigen, die in verschiedene Rayons des Landes verschickt worden sind, in Zukunft nicht weiter notwendig sind, beschließt das Präsidium des Obersten Sowjet der UdSSR:

1. Deutsche und ihre Familienangehörigen, die in der Zeit des Großen Vaterländischen Krieges in eine Sondersiedlung verschickt worden sind, sind aus der Zugehörigkeit zur Sondersiedlung zu entlassen und von der administrativen Kontrolle der Organe des MWD zu befreien. Das gleiche gilt für deutsche Bürger der UdSSR, die nach ihrer Repatriierung aus Deutschland in eine Sondersiedlung eingewiesen worden sind.
2. Es wird festgestellt, dass die Aufhebung der durch die Sondersiedlung bedingten Beschränkungen für die Deutschen nicht die Rückgabe des Vermögens zur Folge hat, das bei der Verschickung konfisziert worden war, ferner dass sie nicht das Recht haben, in die Gegenden zurückzukehren, aus denen sie verschickt worden sind.»

Zunächst erfuhren wir gar nichts über dieses Dekret. Es wurde nirgends veröffentlicht, von keiner offiziellen Stelle bekannt gemacht oder gar kommentiert. Die Betroffenen erfuhren es aus Briefen weit entfernt lebender Angehöriger, also gerüchteweise und über Mundpropaganda. Gerade in den entlegenen

Winkeln der Sowjetunion informierte man die Verbannten erst sehr spät darüber, dass sie «frei» waren. Zu begehrt war ihre Arbeitskraft, um fortan auf sie zu verzichten.

1956 bekamen wir Personalausweise. Erst waren die an der Reihe, die schon vor dem Krieg in den Ural und andere Gebiete verschickt worden waren, zum Beispiel Christian. Wir, die aus Deutschland Repatriierten, bekamen als die größeren Verbrecher die Ausweise später. Eines Tages bestellte uns der Kommandant zu sich – wir ahnten von nichts – und händigte uns die Pässe aus. Das war alles. Das entsprechende Gesetz haben wir nie irgendwo gedruckt gesehen. Es gab keine Ansprachen, aber auch keine Verzögerungen, irgendwann war der Tag gekommen. Der Sowjetmensch war einfach der Willkür der Behörden ausgesetzt. Wir bekamen sowjetische Pässe mit Angabe der Nationalität: «Deutsche», wie andere «nationale Minderheiten» auch. Der Makel, Deutscher zu sein, sollte damit sichtbar bleiben und in gewisser Weise festgeschrieben sein. Aber immerhin waren wir jetzt nicht mehr der Kommandantur unterstellt und konnten uns frei im Land bewegen. In unsere Heimatgebiete allerdings durften wir nicht.

Meine Tante Rosa startete sogleich eine Unterschrifteninitiative. Und wir alle, die wir in Deutschland eingebürgert waren und wieder nach Deutschland wollten, unterschrieben ihre Liste. Es war eine Petition an die deutsche Regierung, sich unserer Sorgen anzunehmen und unsere Ausreise aus der Sowjetunion zu erwirken. Wir sammelten Geld für Tante Rosas Reise nach Moskau, wo sie unsere Liste in der deutschen Botschaft übergeben sollte. Ein großes Hindernis gab es jedoch bereits hier: Es war für einen Sowjetbürger unmöglich, das Gebäude einer westlichen Botschaft zu betreten. Zu streng wurden die Botschaften von der sowjetischen Miliz bewacht und niemand hineingelassen. Jeder Sowjetbürger, der auch nur in die Nähe einer Botschaft kam, musste sich sofort ausweisen. Auch Tante Rosa gelang es nicht, die deutsche Botschaft zu betreten. Sie hielt sich jedoch so lange in einer gewissen Entfernung auf, bis sie sehen konnte, wie eine Mitarbeiterin der deutschen Botschaft das Gebäude verließ. Tante Rosa folgte dieser Frau und steckte ihr die Liste zu mit der inständigen Bitte, diese weiterzuleiten. Ich weiß nicht, ob unsere Liste wirklich jemals angekommen und an die entscheidenden Stellen weiter geleitet worden ist. Aber wir hatten die starke Hoffnung, dass uns geholfen, dass Deutschland uns nicht im Stich lassen würde.

Wie ich viele Jahre später nachlesen konnte, waren es Tausende aus unseren Reihen, die Listen erstellt hatten und darin um Rückkehr in die Bundesrepublik baten. Wie ich auch erfahren habe, fanden unter der Leitung des Sonderbotschafters der Bundesrepublik, Rolf Lahr, vom 23. Juli 1957 bis April 1958 Verhandlungen statt, die dezidiert das Schicksal der über 170 000 im Deutschen Reich eingebürgerten Russlanddeutschen zum Inhalt hatten, die sich jetzt in der UdSSR befanden. Die deutsche Staatsangehörigkeit dieser Menschen wurde von sowjetischer Seite jedoch nicht anerkannt, stand aber nach deutschem Recht außer Frage. Viele Jahre später konnte ich nachlesen, was Rolf Lahr in einem Brief aus Moskau schrieb: «Um die unverdientermaßen geringschätzig genannten ‹Beutedeutschen› tut es mir leid; ich habe gesehen, wie viele der unglücklichen Russlanddeutschen, meist prächtige Menschen, nach mehrtägigen Reisen unter großen Opfern nach Moskau gekommen sind, um die Botschaft, deren Betreten für sie eine gefährliche Sache ist, anzuflehen, sie nicht zu vergessen. Diese im Stich zu lassen, ist bitter, obwohl für sie von Anfang an kaum Hoffnung bestand.» Die sowjetische Seite vertrat den Standpunkt, dass mit der Entlassung der deutschen Kriegsgefangenen die an

Adenauer gegebene Zusage erfüllt sei. Der neu ernannte sowjetische Außenminister Andrej Gromyko erklärte am 1. August 1957 in der Regierungszeitung «Izwestija», dass es in der Sowjetunion keine deutschen Bürger gebe und dass alle diesbezüglichen Spekulationen jeder Grundlage entbehrten. Daraufhin hielt der deutsche Botschafter Haas noch am selben Tag in der Botschaft eine Pressekonferenz ab, über die die Frankfurter Allgemeine Zeitung am 3. August schrieb: «Botschafter Haas hat westdeutschen Journalisten eine Kartei mit den Namen von rund 80 000 Deutschen gezeigt, die den Wunsch zur Rückkehr nach Deutschland ausgesprochen haben. Diese Kartei, die sich im Keller des deutschen Botschaftsgebäudes befindet, wurde gezeigt, nachdem der sowjetische Außenminister am Vortag behauptet hatte, in der Sowjetunion gebe es keine deutschen Staatsbürger mehr, die auf ihre Rückführung warten. Haas sagte: Ich glaube wohl, dass in den Augen der Sowjetregierung das Problem der Rückführung nicht mehr besteht, aber es existiert in den Herzen zehntausender Deutscher, die bei unserer Regierung um Rückführung nachgesucht haben, weil sie sich als deutsche Staatsbürger betrachten.» Botschafter Haas wurde wegen dieser Erklärung von der sowjetischen Presse scharf kritisiert.

Von all dem wussten wir in der trostlosen Abgeschiedenheit des Ural nichts. Doch mit dem Erhalt der Personalausweise hatten wir nun das Recht, uns im Land «frei» zu bewegen und den Wohnort zu wechseln. Unter unseren deutschen Freunden in Karpinsk kam eine gewisse Unruhe auf. Ein Suchen und Nachforschen setzte ein, wo lebten noch Verwandte und Freunde, und wo ließ es sich vielleicht besser leben? Viele wanderten aus dem kalten Norden in den Süden aus, machten sich wieder einmal auf den Weg, wie schon so oft in unserer

Geschichte. Wieder ging es in die Ungewissheit, um sich eine neue Existenz aufzubauen. Auch wir überlegten, ob wir den Ural verlassen sollten. Unser Leben hier war sehr hart gewesen. Uns verband nichts Gutes mit diesem unwirtlichen Flecken der Erde. Aber wo sollten wir hin?

Viele unserer Freunde zogen weg. Zunächst suchten sich Verwandte untereinander. Weil viele Deutsche nach Kasachstan verbannt worden waren, gingen einige aus dem kalten Ural zu ihren Verwandten in den asiatischen Teil der Sowjetunion. Natürlich war es uns weiterhin nicht möglich, in die schönen und angenehmen Gegenden der UdSSR zu ziehen, zum Beispiel auf die Krim in der Ukraine. Dort bekam kein Deutscher eine Zuzugsgenehmigung, denn in der Sowjetunion herrschte das sogenannte Passregime (propiska). Dabei handelte es sich um eine polizeiliche Zuzugsgenehmigung für den jeweiligen Ort, eine in der Ausführung rein administrative Maßnahme, gegen die es keinerlei Rechtsmittel gab. Sinn und Zweck war es, den Arbeitsmarkt zu regulieren, das heißt man bekam am besten dort eine Zuzugsgenehmigung (propiska), wo ein Mangel an Arbeitskräften herrschte. Ein weiterer Zweck lag in der Kontrolle ethnischer Gruppen, deren Wanderbewegungen dadurch gesteuert werden sollten.

Auch Dr. Bauer aus unserem Krankenhaus zog weg. Alle Kollegen begleiteten ihn zum Bahnhof, als er schließlich nach Moskau zurückkehren durfte, weil seine Familie dort lebte. Einige Zeit später schrieb er uns, seine Tochter sei mittlerweile erwachsen und die Familie ihm fremd geworden. Er schrieb auch, dass er uns, seine Kollegen im Krankenhaus, sehr vermisse. Moskau sei laut, eine Großstadt, an die er sich erst wieder gewöhnen müsse. Auch an seine Frau, die immer noch Ärztin sei, und die Tochter, inzwischen als Ingenieurin im Flugzeugbau, müsse er sich erst gewöhnen. Dr. Bauer klang in seinem Brief nicht sehr glücklich.

Unser Familienleben entwickelte sich unterdessen prächtig: Meine Eltern zogen aus Kamenka zu uns nach Karpinsk. Sie bekamen hier Arbeit und Wohnung und waren jetzt immer in meiner Nähe. Christian und ich hatten unser neu erbautes Haus. Und nun stellte sich die größte Freude meines Lebens ein, denn am 24. Juli 1956 bekam ich endlich ein Mädchen, unser erstes lang erwartetes Kind. Wir nannten es Irma. Es war wohlauf und das schönste Kind, das ich je gesehen hatte. Gott hatte doch noch meine Gebete erhört und ein kleines Wunder geschehen lassen. Wenn heute mein Schwiegersohn, der sich immer ein wenig über meine Religiosität lustig macht, im Scherz zu mir sagt: «Selbst als deine Kinder gezeugt wurden, waren alle Engel und Heiligen dabei», dann kann ich nur sagen: «Ja, so wird es wohl gewesen sein.»

1958 dann, 13 Jahre nach Kriegsende bekamen wir eine Nachricht von meinem Onkel Georg, mit dem ich gemeinsam den Treck ins Reich durchgestanden hatte. Er war während des Krieges bei der Wehrmacht gewesen und hielt sich deshalb nach seiner Flucht vor den Russen längere Zeit im bayrischen Wald versteckt. Schließlich blieb er in Bayern und wählte München als Wohnort, da München (allerdings München bei Odessa) auch sein Geburtsort war. Inzwischen war er mit einer Bayerin verheiratet. Onkel Georg hatte uns über das Deutsche Rote Kreuz ausfindig gemacht, und ich war sehr froh, ein Lebenszeichen von ihm zu haben. Er war kaum älter als ich, weswegen ich ihm immer sehr nahe stand. Jetzt war er unsere Verbindung zur freien Welt, eine zarte Verbindungslinie möchte ich sagen, aus der vielleicht mal ein kräftiger Strang werden würde, ja werden musste. Endlich einmal wieder Hoffnung. Meine Eltern und ich schrieben Briefe, und Georg schrieb zurück. Die Briefe waren immer zensiert, manchmal waren mehrere Zeilen mit schwarzer Tusche unlesbar gemacht, aber sie kamen in der Regel an.

Auch meine Schwiegermutter wurde von ihrem Neffen, der sich in Hamburg aufhielt, über das Rote Kreuz ausfindig gemacht, und auch sie schrieb nun regelmäßig in den Westen. Der Neffe, Wilhelm Reiswich, Christians Cousin, schickte ihr von Zeit zu Zeit über das Rote Kreuz Pakete. Und die waren für uns eine Offenbarung. Sie erinnerten mich an meine Zeit in Deutschland, für Christian, meine Schwiegermutter und den Rest der Verwandtschaft waren sie wie ein Wunder aus einer unbekannten Welt. Kam ein Paket aus Deutschland, war das Familienereignis perfekt: Allein der Geruch, der an den bunt verpackten Sachen haftete, war betörend. So roch Deutschland. Wir bestaunten jedes winzige Detail, die Verpackungen, die Etiketten und Gebrauchsanweisungen. Jedes deutsche Wort kosteten wir, ließen es beim Sprechen auf der Zunge zergehen. Einmal bekamen wir sogar ein Pfund Bohnenkaffee, der so herrlich duftete, dass die Kinder nicht müde wurden, an der Packung zu schnuppern und die Bohnen genau zu untersuchen. Weil wir keine Kaffeemühle hatten, musste es leider beim Riechen bleiben.

Zu Weihnachten dann wieder ein Paketwunder: Diesmal waren es die schönsten Weihnachtskarten, die wir je gesehen hatten. Wir stellten sie auf und betrachteten sie immer wieder, sie waren unser schönster Weihnachtsschmuck. Ich erinnere mich noch an eine Karte, an der sich 24 Türchen öffnen ließen. Wir konnten uns keinen Reim darauf machen, denn Adventskalender kannten wir als weihnachtliches Brauchtum nicht. Zu Ostern dann bekamen wir in einem Brief Eierfarbe geschickt. Alle Deutschen aus der Nachbarschaft pilgerten zu uns und brachten ihre Eier, um sie rechtzeitig zum Fest zu färben. Wir färbten so viele, bis die letzten ganz blass, und die Farbblättchen ausgelaugt waren. Die Sehnsucht nach Deutschland wuchs – nicht nur bei mir, auch die anderen in der Familie wurden von einer Unruhe und Ungeduld erfasst.

Christian wurde kurz darauf von den Parteifunktionären seines Betriebes zu einer Art «Verhör» bestellt. Er sollte Rede und Antwort stehen, warum er Pakete aus dem westlichen, sprich feindlichen Ausland annehmen konnte. Diese Pakete wären für einen Sowjetbürger eine Beleidigung. Christian entgegnete, dass alles für seine bedürftige Mutter sei, und in der Tat war es so, dass meine Schwiegermutter nie einen Pfennig Rente vom sowjetischen Staat bekommen hatte. Sie lebte immer von unserem Geld.

Am 25. März 1961 kam unsere zweite Tochter zur Welt. Wir nannten sie Maria. Nun war unsere Familie komplett. Durch die Kinder bekam mein Leben Hoffnung und Schwung. Erst jetzt wollte ich wieder richtig leben und auch kämpfen, erst jetzt wusste ich, wofür ich all die Arbeit tat. Den Kindern schenkte ich meine ganze Liebe, und die Vergangenheit lag nicht mehr wie ein Schatten auf mir. Ich wagte es wieder, an eine Zukunft zu denken.

Die Kinder wuchsen heran. Sie waren ein solcher Quell der Freude, wie ich es mir vorher nicht hatte vorstellen können. Beide sprachen schon sehr früh und sehr deutlich deutsch. Mit drei Jahren sprachen sie fließend deutsch und russisch. Meine Stiefmutter nähte ihnen die schönsten Kleider. Von Zeit zu Zeit kam aus Deutschland ein Paket mit farbenfrohen Spielsachen für die Kinder. Auf die Russen wirkten unsere Kinder wie zwei kleine Puppen. Sie waren unser ganzer Stolz.

Obwohl wir uns nun im Land frei bewegen durften, blieb diese Bewegungsfreiheit Theorie. Nie fuhren wir auch nur für ein paar Tage in die Ferien. Denn neben unserer Arbeit im Betrieb waren wir ganzjährig mit Tieren und Pflanzen, mit Reparieren und Pflegen beschäftigt. Zum Beispiel gab es im Sommer die Heuernte, Kartoffel- und Gemüseernte; im Herbst das Schlachten, Wurst machen, Salzen und Räuchern von Speck, das Haus reparieren, Holz für den langen Winter einlagern und schließlich im Winter Stricken, Nähen und Stopfen, das Kalben der Kühe betreuen und die neugeborenen Kälber versorgen. Im Frühling fing dann alles wieder von vorne an: Pflügen und Säen standen auf dem Programm. Dass wir nebenher noch lange Tage im Betrieb waren, versteht sich von selbst, denn schließlich brauchten wir ja Geld, um Dinge zu bezahlen. Arbeit, Kinder und die Wechselfälle der Landwirtschaft machten uns insgesamt unabkömmlich.

An diese Stelle passt eine kleine Anekdote aus unserem bewegten Zusammenleben mit den Tieren: Wieder einmal war eines unserer Ferkel krank, und erneut zeigte sich eine russische Kollegin aus der benachbarten Schweinezucht erfinderisch und mitfühlend. Sie hatte zwar keine Antibiotika, dafür aber eine tolle Idee: «Weißt du was, Lena? Wenn dein Ferkel tot ist, dann bringst du es einfach her. Ich behalte es, und du bekommst dafür ein anderes gesundes Ferkel in gleichem Alter und Gewicht. Das fällt keinem auf.» Ich ging auf den Handel ein. Wie sehr staunte da am nächsten Tag unsere Nachbarin, eine Russin, die täglich vorbeischaute und am Gesundheitszustand unseres Ferkels regen Anteil nahm. Auch sie hatte ihre Sorgen mit dem Kleinvieh. Da setzte sie doch neulich einen selbst gebrannten Schnaps an und goss den Satz in den Graben vor dem Haus. Nach ein paar Stunden lagen plötzlich alle ihre Hühner tot im Hof. Das war vielleicht ein Schreck und auch ein Riesenverlust. Alle Hühner auf einmal, einfach eingegangen! Bestimmt hatte sie jemand vergiftet. Noch nicht einmal das Fleisch konnte man verwerten. Um wenigstens die Federn zu retten, rupfte sie die Hühner auf die Schnelle, solange sie noch warm waren und dann brachte sie sie weg, an die nächste Straßenecke. Ihr Mann sollte abends ein Loch für die Hühner schaufeln. Als aber der Ehemann nach Hause kam, erhoben sich plötzlich die Hühner. Gerupft, blutend und torkelnd zogen sie wieder zu Hause ein. Da fiel der Nachbarin der Schnaps ein, den sie weggeschüttet hatte und der den Hühnern den Rausch ihres Lebens beschert hatte.

Ein Staat frisst meine Kinder

Unsere Kinder wuchsen heran. Doch sobald sie zur Schule kamen, wurden sie unserem Einfluss mehr und mehr entzogen. Neben Schule und Musikschule, die unsere kleine Tochter Maria fast täglich besuchte, hatten alle Kinder außerschulische Verpflichtungen, die die kommunistischen Jugendverbände ihnen auferlegten. Fast der ganze Tag war verplant. Die Erziehung wurde vom Staat übernommen. Ich aber hatte nur eine Sorge: Ich wollte nicht, dass die Kinder meinem Einfluss entglitten. Ich wollte nicht, dass man aus ihnen Kommunisten machte. Ich wollte an meine Kinder das weitergeben, was für mich der wertvollste Schatz ist, nämlich den Glauben an Gott. Sie sollten wissen, woher sie kamen, wohin sie gingen und wem sie ihr Leben im Tiefsten zu verdanken hatten. Ich wollte ihnen helfen, Augen und Ohren zu öffnen, damit sie Gott, ihren Schöpfer erkannten. Wie konnte ich ihnen nur die Leidenschaft vermitteln, die der Glaube für mich bis heute ist? Wie sollte ich, eine einzelne, ungebildete Frau, bei der Erziehung dieser Kinder gegen die Übermacht eines Staates antreten? Eines totalitären atheistischen Staates, der alles verbot, was mit Religion zusammenhing, der dem ganzen Volk Atheismus verordnete. Meine Kinder waren das Wertvollste, was ich hatte und mir von Gott anvertraut war. Wie konnte ich ihre Erziehung diesem Staat überlassen! Ich musste dagegenhalten, sie diesem Staat entreißen. Wir mussten hier raus, koste es was es wolle.

Als die Kinder acht Jahre alt waren, wurden sie bei den Pionieren aufgenommen. Sie bekamen rote Tücher um den Hals, mussten im Gleichschritt marschieren und kommunistische Lieder singen. Sie hoben ihre Hand zum Pioniergruß nicht viel anders als die Nazis zum Hitlergruß, knieten vor dem roten Banner nieder und küssten es. Mit ihren Mitschülern beteten sie jeden Tag alle kommunistischen Parolen herunter, als wären sie das Vaterunser. Beim Eintritt in die Pionierorganisation schworen sie feierlich, die Lehren Lenins auf ewig weiterzutragen. Dieser Schwur wurde bei jeder Gelegenheit wiederholt, gesprochen, gesungen und über Lautsprecher tausendfach verbreitet. Jeden Tag hörten die Kinder von der Niedertracht einer feindlichen westlichen Welt, wurden gegen den Feind aller Proletarier aufgehetzt, ja selbst schon zu Hetzern erzogen. Ämter, die man ihnen noch ganz jung auferlegte, nahmen sie dazu in die Pflicht. Unsere Kinder, die als Musterschüler galten, waren ganz besonders prädestiniert, solche Ehrenämter in der Pionierorganisation zu bekommen. Man konnte sich nicht dagegen wehren. Bei der jüngsten Tochter Maria hatten wir wenigstens eine Ausrede: Wir führten die Musikschule an, die sie jeden Nachmittag über die Maßen beschäftigte.

In jeder Schule stand eine Büste oder Statue von Lenin, in deren Nähe die Kinder sich ruhig und andächtig zu verhalten hatten, fast wie in der Kirche. Der Kommunismus war eine Ersatzreligion. Ihren Höhepunkt fand sie in der Reliquienverehrung, wenn man nach Moskau zu Lenins Mausoleum pilgerte, um dort seine Gebeine zu verehren. Jeder, der einmal in Moskau war, weiß, dass dieser Platz für die Kommunisten heilig ist.

Für mich war das absolut inakzeptabel, ein Ort völliger Gottlosigkeit, wo der Mensch in seiner ganzen Niedertracht den Platz Gottes eingenommen hatte. In diesem Staat sah ich die Kinder Gefahr laufen, ihre Seele zu verlieren, ihre Bestimmung als Mensch zu verfehlen. Sollten sie ihr Leben in den Kommunismus investieren? In den Dienst der Diktatur stellen? Sollten aus ihnen am Ende ebensolche Menschen werden wie meine Peiniger, die ein Leben lang versucht haben, meine Seele zu vergewaltigen? Nein, das konnte ich nicht zulassen. Um nichts in der Welt.

Die Kinder lernten in der Schule nur die offizielle sowjetische Version über alles, was mit der Vernichtung der Kulaken, der Kollektivierung, den stalinistischen Säuberungen und dem Zweiten Weltkrieg zu tun hatte. Meine ureigensten Erfahrungen, meine Sicht auf diese Zustände hatten hier keinen Platz, ja durften nicht einmal erwähnt werden. Diese Jahre waren vielleicht die bittersten, sie gleichen einem Albtraum, in dem man versucht zu schreien, aber keine Stimme hat. Wann würde ich meinen Kindern die Wahrheit sagen können? Es war schmerzlich, wenn meine eigenen Kinder inbrünstig und anrührend die russischen Gedichte auswendig aufsagten, in denen das Leid der Russen im Zweiten Weltkrieg beklagt und die Deutschen verdammt wurden. Wann könnte ich wohl jemals mein Leid klagen? Es war bitter, wenn die eigenen Kinder in Aufsätzen die Verdienste von Väterchen Stalin priesen und dafür nicht nur gute Noten, sondern auch noch Prestige und kommunistische Ehren bekamen. Das war kaum auszuhalten.

Wir russlanddeutschen Christen hatten unsere Frömmigkeit über die Jahrhunderte immer unter großen Entfernungen und einer gewissen Isolation gelebt. Was wir aber bewahrten, war fest verankert und nicht dem wechselnden Zeitgeist schutzlos ausgeliefert. Auch bei denen, die nur selten im Jahr oder gar nicht zum Gottesdienst gehen konnten, gab es eine Tradition und bestimmte Grundwahrheiten, den Glauben und das Leben betreffend. So erzogen auch wir unsere Kinder im christlichen Geist, was ihrer schulischen Erziehung in jeder Hinsicht widersprach. Wir beteten mit ihnen, lasen ihnen biblische Geschichten vor, wir feierten Weihnachten und Ostern, nicht nur um der Geschenke willen, sondern als freudvollen Ausdruck unseres Glaubens und als die heimlichen Höhepunkte des Jahres. Unsere Kinder sagten deutsche Weihnachtsgedichte auf und sangen mit uns deutsche Weihnachtslieder. Sie wussten schon sehr früh, dass das alles nur heimlich geschehen und dass kein russischer Nachbar Näheres erfahren durfte, die Mitschüler und Lehrer in der Schule erst recht nicht. In der Schule hielten die Kinder der Deutschen zusammen, auch wenn sie russisch miteinander sprachen. Russisch war die Sprache der Öffentlichkeit. Und der Staat sorgte dafür, dass es nur ein öffentliches und so gut wie kein Privatleben gab. Allerdings will hier einfügen, dass die Kinder der Deutschen in der Schule nicht diskriminiert wurden, sofern sie sich konform verhielten und allen Pionierpflichten nachkamen. Im Gegenteil, man versuchte sogar in besonderem Maße sie vor den kommunistischen Karren zu spannen. Das war nicht immer leicht.

Ich war mir bewusst, dass wir unsere Kinder in eine schwierige Situation brachten, da sie zwei völlig entgegengesetzten Erziehungsformen und Weltsichten ausgesetzt waren. Diese ständige Spannung war auch der Grund, weshalb viele unserer Landsleute irgendwann aufgaben. Sie hörten auf, mit ihren Kindern deutsch zu sprechen, eben weil draußen alles Deutsche einen denkbar schlechten Ruf hatte. Sie verleugneten ihre Herkunft, ihre Identität und ihren Glauben, sofern sie noch einen hatten. Sogar in die KP traten einige ein – was tun die Menschen nicht alles, um ihre Haut zu retten und was tun sie nicht alles, um in den Genuss auch noch der kleinsten Privilegien zu kommen. Doch für mich war dieser Weg nicht gehbar. Ich wollte meine Herkunft und meine Sicht auf das Leben nicht verraten. Auch wenn das bedeutete, dass die Kinder hin- und hergerissen waren – zwischen Zuhause und Draußen, zwischen deutscher und russischer Erziehung, zwischen Kommunismus und dem katholischem Glauben der einfachen Menschen. Ich konnte und wollte nicht aufhören, für die Wahrheit einzustehen und meinen Kindern, wenigstens meinen Kindern das zu vermitteln, was für mich wahr, richtig und anständig war.

Ich habe in meinem Leben zwei Diktaturen erlebt. Ich weiß, was es bedeutet, alles zu verlieren, in den Sog ihrer beständigen Forderungen zu geraten. Niemand hatte unsere Zustimmung eingeholt, als unsere Leute vor dem Krieg in Stalins Rote Armee eingezogen worden waren. Man fragte uns auch nicht, als die Nazis meinen Bruder und all die anderen zur Wehrmacht oder SS einzogen. Jetzt forderte wieder eine Partei, die angeblich im Namen aller sprach, den Tribut, wollte aus meinen Kindern Pioniere, Komsomolzen, am Ende richtige Kommunisten machen. Was sollte noch passieren? Wie viele Opfer sollten wir noch bringen? Für mich war das Maß voll, übervoll. Ich hatte nur noch ein Ziel: Verlasse dieses Land. Wir mussten nach Deutschland ausreisen, koste es was es wolle.

Ausreise in die Bundesrepublik

Wie alle Kinder kam auch unsere große Tochter Irma mit 15 Jahren zum «Komsomol», der kommunistischen Jugendorganisation. Mit 17 Jahren beendete sie die Schule und fing eine Ausbildung als Hebamme an. Sie musste damit rechnen, dass sie danach für Jahre in einen gottverlassenen Winkel des Landes geschickt werden würde. Das war der Preis dafür, dass es keine Arbeitslosigkeit gab. Man bekam eine Arbeit weit außerhalb des gewünschten Wohnortes zugewiesen und musste sie annehmen. Auch Christian machte sich Sorgen um die Mädchen. Wir ahnten jetzt schon, wie ihre Zukunft aussehen würde, denn wir beobachteten, was um uns herum passierte, wie die Kinder von Freunden und Kollegen aufwuchsen.

Die jungen Leute wurden zunächst weit weggeschickt, um schließlich viel zu früh Ehen mit viel zu jungen Russen einzugehen, die in aller Regel Alkoholiker waren. Mangels Verhütungsmittel bekamen sie gleich Kinder und nahmen im Durchschnitt jährlich zwei Abtreibungen vor. Dieses Leben war unwürdig, und zwar in jeder Hinsicht: materiell, geistig und moralisch. Wenn das der neue Mensch sein sollte, der legendäre «homo sowjeticus», dann konnten wir nur sagen: Nein, nicht mit uns. Wir waren immer einfache Leute gewesen, lebten in bescheidenen Verhältnissen, aber unsere Würde, die hatten wir. Schließlich unterstützen alle in der Familie meinen Plan, die Sowjetunion so schnell wie möglich zu verlassen, schon allein der Kinder wegen.

Doch was bedeutete es auszureisen? Wie wurde ein Antrag gestellt, und was waren die Konsequenzen?

Wir kannten nur eine deutsche Familie in der Stadt, die in die Bundesrepublik ausgereist war. Das waren die Fischers mit drei Kindern. Ihr Sohn war so alt wie unsere älteste Tochter und wie sie Mitglied im Komsomol. Wir wussten nur, dass die Familie, und besonders der Sohn, übel schikaniert worden waren, bevor sie ausreisen durften. Aber wir waren bereit, das in Kauf zu nehmen.

Ursprünglich hatten wir die Absicht, gemeinsam mit den Fischers den Ausreiseantrag zu stellen. Doch dann entschieden wir anders, denn für Frau Fischer, die eine Mutter in der Bundesrepublik hatte, standen die Chancen, eine Ausreisegenehmigung zu bekommen, deutlich höher als für uns, die wir nur auf meinen Onkel in München und den Cousin von Christian in Hamburg verweisen konnten. Dass die Fischers ihr Ziel erreichten, gab uns Kraft und Hoffnung, die ersten Schritte in Richtung Ausreise einzuleiten. Christians Cousin schickte uns aus Hamburg ein offizielles Dokument, mit dem wir von der Bundesregierung aufgefordert wurden, als Deutsche in die Bundesrepublik einzureisen. Das Einladungsschreiben ging immer der Antragstellung voraus, es war der erste offizielle Schritt und der einzige mögliche Weg. Für die weiteren Etappen mussten wir als erstes beim Standesamt, dem «Gorsowet» erscheinen, um unseren Ausreisewunsch vorzutragen. Von den Fischers wussten wir, dass die zuständige Beamtin dort mit sich reden ließ. Und so war es dann auch. Unter vier Augen – die Schreibkräfte wurden so lange hinausgeschickt – gewährte uns die Beamtin Maria Gawrilowna Einblicke in die Feinheiten der sowjetischen Bürokratie. Zwei bis drei Ausreiseantragsformulare bekam sie pro Jahr ausgehändigt, musste den Empfang per Unterschrift quittieren und war fortan persönlich verantwortlich für ihren Verbleib. Zwei bis drei pro Jahr. Legale Ausreiseanträge. Doch was keiner wusste und sie uns nun in ihrem Dienstzimmer anvertraute: Es gab ein Gesetz, das die Ausreise ins westliche Ausland erlaubte, fast schon eine Art Geheimgesetz. Kaum jemand wusste davon, die Leute nicht, die Medien nicht, das westliche Ausland nicht. Zwei bis drei Formulare pro Jahr, und wir hatten das Glück, dass noch eines davon in ihrem Schreibtisch lag. Das würde sie uns geben, aber nur, wenn wir absolut nichts von dem hier Gesagten preisgaben, weder Nachbarn, Kollegen, noch Verwandten davon erzählten. Das, meinte sie, wäre in unserem Interesse und in dem der Öffentlichkeit. Wir stimmten zu, erstaunt darüber, dass eine Frau mit so viel Sinn für Fairness ausgerechnet diese Stellung innehatte. Natürlich war sie Kommunistin. Sie war jedoch Kommunistin aus Überzeugung und bemühte sich, gerecht zu sein, soweit das Gesetz es erlaubte.

Die ganze Angelegenheit geheim zu halten erwies sich jedoch als schwierig, denn für den Antrag brauchten wir etliche Bescheinigungen, die durch unsere Arbeitgeber, die Schulen der Kinder und unsere Angehörigen auszufüllen waren. Hätte auch nur eine Bescheinigung gefehlt, hätten wir den Antrag gar nicht erst zu stellen brauchen. Die in der Sowjetunion verbleibenden Kinder meiner Schwiegermutter, meine Schwägerinnen und Schwager, mussten schriftlich bestätigen, dass sie gegen die Ausreise ihrer Mutter nichts einzuwenden hatten, und auch meine Eltern mussten ihr schriftliches Einverständnis geben. Unsere Verwandten waren nur zu gern behilflich. Denn alle hegten im Grunde den gleichen Wunsch: endlich dieses Land zu verlassen und in einem freien Deutschland zu leben. Auch die, die jetzt noch blieben, hofften, uns eines Tages folgen zu können, ganz besonders mein Vater und meine Stiefmutter. Ich war für meinen Vater das einzige verbliebene Kind, und es fiel ihm schwer, mich und die Enkelkinder, die er geradezu vergötterte, ziehen zu lassen. Doch wünschte er mir und ganz besonders seinen Enkelkindern nichts sehnlicher, als eine Zukunft in einem freien Land, außerhalb der kommunistischen Zwänge. Alle fieberten mit uns, drückten uns die Daumen, damit unser Vorhaben gelänge.

Auch auf meiner Arbeitsstelle bekam ich ohne Probleme die erforderlichen Papiere ausgestellt. Ich war zu der Zeit in einer recht unbedeutenden Stellung als Nachtwächterin einer kleinen Baufirma angestellt. Mein Chef, ein notorischer Säufer, tat für eine Flasche Wodka alles, und so war es ihm herzlich egal, wohin ich reisen wollte. Er dachte nur an den Schnaps.

Christian jedoch nahm man sich auf seiner Arbeitsstelle vor und redete ihm ordentlich ins Gewissen. Man hielt ihm vor, dass es im Westen kein richtiges Gesundheits- und Schulwesen gebe und seine Kinder bestimmt im Bordell enden würden, dass die bekannte westliche Arbeitslosigkeit auch ihn nicht verschonen und er als Obdachloser enden werde. Schließlich lief im Fernsehen täglich etwas über die Obdachlosen, die Kriminalität und die Arbeitslosigkeit im Westen. Man versuchte ihm einzureden, dass er seine Familie ins Unglück stürzen würde, sollte er seine Absicht nicht aufgeben. Die Bescheinigung bekam er trotzdem. Bis heute weiß ich nicht, ob die Beamtin Maria Gawrilowna nicht an einigen Stellen nachgeholfen hat.

Auch unsere jüngste Tochter Maria, damals 13 Jahre alt, bekam von ihrer Schule eine – übrigens sehr gute – Beurteilung, wie man sie Kindern ausstellt, die umziehen. Die Lehrer hatten nicht gleich begriffen, dass es sich in ihrem Fall nicht um einen gewöhnlichen Umzug, sondern um eine Ausreise in die Bundesrepublik handelte. Dass die Sommerferien ohnehin vor der Tür standen, war besonders hilfreich. Die Kinder wurden für drei lange Sommermonate in die Ferien entlassen und hatten in dieser Zeit nicht viel Kontakt untereinander, und zu den Lehrern schon gar nicht.

Die meisten Schwierigkeiten sollte unsere älteste Tochter Irma haben. Sie war damals 17 und besuchte bereits die Berufsschule für Hebammen in der benachbarten Stadt Krasnoturinsk. Für die Antragstellung zur Ausreise benötigte sie nicht nur eine schriftliche Charakterbeurteilung durch die Lehrer, sondern auch eine Bescheinigung darüber, dass sie nicht Mitglied der kommunistischen Jugendorganisation Komsomol war. Sie musste also aus dem Komsomol ausgeschlossen werden. Dies geschah in einem öffentlichen Verfahren, das starke Ähnlichkeit mit einem stalinistischen Schauprozess hatte. Alle Mitglieder des Technikums, etwa 300 Leute, wurden eigens aus diesem Anlass zu einer außerordentlichen Versammlung zusammengerufen, in deren Mittelpunkt Irma stand. Man holte sie auf die Bühne und stellte sie an den Pranger. Sie musste sich verantworten für das, was sie zu tun gedachte, nämlich ihrem «Vaterland» den Rücken zu kehren und sich stattdessen dem kapitalistischen Erzfeind zuzuwenden, der gegen das friedliebende Sowjetvolk rüstete und einen kalten Krieg führte. Man warf Irma vor, die Heimat zu verraten, das mit Füßen zu treten, was man ihr ermöglicht hatte. Man forderte sie auf, sich von ihren Eltern abzuwenden, sollten diese Ausreiseabsichten haben. Auch wollte man von ihr wissen, ob ihre Eltern heimlich verbotene Westsender hörten und wer sie sonst noch gegen den Sowjetstaat aufhetzte.

Irma wurde als Komsomolzin und als Mitmensch abgeurteilt und als Kriminelle hingestellt. Sie war zum leibhaftigen Feindbild geworden: eine Antikommunistin und Vaterlandsverräterin, für die Gemeinschaft nicht länger tragbar. Sensationsgier und offener Hass schlugen ihr in dieser Versammlung entgegen, die an die vier Stunden dauerte und an deren Ende einstimmig beschlossen wurde: Irma ist aus dem Komsomol ausgeschlossen. Ich werde den Tag nicht vergessen, als Irma nach Hause kam und bitterlich weinte. Es zerriss uns das Herz, unser Kind so verzweifelt zu sehen. Sie war dem Spott preisgegeben, und wir waren daran schuld. Doch Irma beschuldigte uns nicht, sondern hoffte jetzt umso mehr, dass unsere Ausreise genehmigt würde. Für sie war nach diesem

Erlebnis ein Leben, eine wirkliche Zukunft in der Sowjetunion nicht mehr vorstellbar. Während ich mich nach so etwas wie bürgerlichen Freiheiten sehnte, nach einem Deutschland, das ich aus eigener Anschauung kannte, ging es ihr darum, bei ihren Eltern zu bleiben, ein Stück Geborgenheit zu haben und nicht noch einmal derart verletzt zu werden.

Alle Unterlagen lagen der Behörde vor, und wir warteten auf die Entscheidung. In diesen letzten russischen Sommerferien gönnten wir unseren Kindern Ruhe zu Hause, verdrängten die Ahnung des bevorstehenden Sturmes. Inzwischen hatten wir ein Radio, auf dem wir tatsächlich regelmäßig heimlich die «Stimme Amerikas» und die «Deutsche Welle» hörten. Beide Radiosender sendeten auf Kurzwelle in russischer Sprache Weltnachrichten, berichteten aber auch über Ereignisse in der Sowjetunion. Beide Sender wurden immerfort gestört, doch trotzdem sickerte so manche Nachricht zu uns durch. Wir hörten zum Beispiel viel über Willy Brandt und seine Ostpolitik und versuchten jede Nachricht aus dem Westen als kleinen Hoffnungsschimmer für uns zu interpretieren. Während über unseren Antrag entschieden wurde, kam ausgerechnet die Guillaume-Affäre ans Licht, in deren Folge Willy Brandt zurücktreten musste. Natürlich machten wir uns Sorgen, denn eine Wende in der Ostpolitik hätte zuallererst für uns und andere Ausreisewillige ernste Folgen gehabt.

Über die Deutsche Welle hörten wir auch Meldungen über Dinge, die sich in der UdSSR abspielten, dort aber nie gesendet wurden. So erfuhren wir von den Dissidenten der UdSSR in den Siebzigerjahren, von der erzwungenen Ausbürgerung und Ausweisung Alexander Solschenizyns im Februar 1974. Solschenizyn, der durch seine Romane viel zur stalinistischen Vergangenheitsbewältigung geleistet hatte, wurde den Radiohörern vorgestellt, indem Auszüge aus seinen Werken vorgelesen wurden. Zum ersten Mal hörten wir eine treffende und absolut wahrheitsgetreue Schilderung des Daseins unter Stalin und eine detaillierte und extrem genaue Beschreibung des Lebens in stalinistischen Konzentrationslagern. Das hat uns sehr beeindruckt, ebenso wie der Wagemut dieses Mannes. Die «Deutsche Welle» und die «Stimme Amerikas» brachten oft Literaturlesungen sowjetischer Exilautoren, informierten über Strafprozesse und Methoden der Verfolgung sowjetischer Dissidenten sowie über Menschenrechtsverletzungen aller Art. Wir erfuhren über das Memorandum Andrej Sacharows, über seinen offenen Brief an Breschnew vom März 1970 und vieles andere mehr. Was im Westen selbstverständlich war, hatten wir nur durch diese Sender: einen Draht zur freien Welt.

Irmas Ferien dauerten nicht lange, denn wie alle Lehrlinge wurde sie im Juli zur Kartoffelernte in die Kolchose abkommandiert. Dort mussten alle in den Ferien unbezahlten Ernteeinsatz leisten. Einen Monat lang arbeiteten sie den ganzen Tag auf den Kartoffelfeldern. Zwischendurch nach Hause zu fahren war nicht drin, die Kolchose war fast hundert Kilometer von unserem Ort entfernt. Ich betete für mein Kind, man möge ihr das Leben nicht allzu schwer machen. Wir hatten alles auf eine Karte gesetzt, hatten alles riskiert, nicht zuletzt die Zukunft unserer Kinder. Jetzt musste es klappen. Wir mussten ausreisen. Ich vertraute wie immer auf Gott, und betete unablässig.

Irma schrieb uns jedoch, die Situation sei unerträglich. Sie wurde von allen gemieden und bekam die unangenehmsten Arbeiten zugeteilt. Nur einige deutschrussische Mädchen ließen sie ein wenig Anteilnahme spüren, sehr unauffällig, um nicht selber ausgegrenzt zu werden. Irmas russische Freundinnen hatten sich von ihr abgewandt, die meisten stillschweigend, nur ganz wenige offen feindselig.

Als die Schule nach den Ferien wieder begann, hatten wir noch immer keinen Bescheid. Wieder wandten wir uns an Maria Gawrilowna vom Standesamt, wurden aber vertröstet. Wir sollten warten. In der Kreisstadt Swerdlowsk werde über unseren Fall entschieden. Irma wurde nun auch im Unterricht von den Lehrern ignoriert und behandelt, als wäre sie nicht anwesend. Am liebsten wäre sie gar nicht mehr zur Schule gegangen, und noch einmal sollte die Beamtin Maria Gawrilowna in unserem Sinne wirken. Sie war wirklich ein Glücksfall für uns. Noch heute staune ich darüber, dass uns in dieser Situation in diesem Land ein so hilfsbereiter Mensch begegnet ist. Sie riet uns, Irmas Schuldirektor aufzusuchen. Und sie gab uns genaue Anweisungen, auf welche Gesetze wir uns berufen sollten, um ihm klarzumachen, dass wir ganz legal handelten und dass unser Tun zu akzeptieren sei. Zum Schluss schrieb sie uns noch den Paragraphen aus der Verfassung der UdSSR auf, den wir nennen sollten, und mahnte uns, den Inhalt des Zettels auswendig zu lernen und ihn dann zu vernichten. Auch sollte niemand erfahren, dass diese Information von ihr kam. Wir befolgten ihre Anweisungen genauestens und suchten klopfenden Herzens den Schuldirektor auf. Er forderte uns noch einmal auf, unseren Entschluss zu überdenken und warnte uns davor, eine Dummheit zu begehen. Danach wurde die Situation für Irma jedoch etwas besser, und wenigstens die Lehrer schenkten ihr wieder Beachtung.

Endlich war es soweit: Im September wurden wir in das Standesamt zu Maria Gawrilowna bestellt. Unser Antrag war genehmigt worden, wir durften die Sowjetunion verlassen. Dass ich diesen Tag noch hatte erleben dürfen! Ich konnte unser Glück kaum fassen.

An ihrem letzten Schultag verabschiedete sich Maria, unsere jüngere Tochter, von ihren Schulfreundinnen und teilte nun auch den Lehrern mit, dass wir in die Bundesrepublik ausreisen würden. Das kam für alle überraschend, und viele konnten nicht anders, als ganz spontan menschlich auf diese Nachricht zu reagieren. Tatsächlich bedauerten alle Marias Fortgehen und wünschten ihr nur das Beste. Ihre engen Freundinnen waren untröstlich, manche weinten sogar. Unter den jungen Pionieren war es Brauch, dass ein Kind, das wegzog, zum Abschied bei allen Kameraden auf dem Pioniertuch unterschrieb. Die Mädchen aus Marias Klasse wollten deshalb, dass Maria ihre Tücher signierte, als unverbrüchliche Erinnerung. Maria war ganz glücklich. Die Mädchen begleiteten sie an diesem Tag aus der Schule nach Hause, baten sie auch, ihnen aus Deutschland zu schreiben. Bis zu unserer Abreise waren es nur noch wenige Tage, und wir schickten unsere Kinder deshalb nicht mehr zur Schule. Nur ein russisches Mädchen, die beste Freundin von Maria, wagte noch, uns in diesen letzten Tagen zu besuchen. Sie erzählte, dass am Tag von Marias Verabschiedung der Schuldirektor in die Klasse gekommen war. Er hatte die ganze Klasse über das verbrecherische Verhalten unserer Familie aufgeklärt, darüber, dass Maria alle Klassenkameraden hintergangen, sich mit ihrer Familie auf die Seite des kapitalistischen Feindes gestellt und den heiligen Pioniereid gebrochen habe. Alle Mädchen waren ermahnt worden, auf der Stelle in den Waschraum zu gehen, um dort den unerwünschten Namen Marias aus dem Pioniertuch auszuwaschen. Ljuda, so hieß Marias Freundin, bat unsere Tochter, ihr keine Briefe aus Deutschland zu schreiben.

Der Tag unserer Abreise rückte näher. Wir durften nicht viel mitnehmen, aber das machte mir nichts. Ich hätte alles zurückgelassen, denn was waren schon vergängliche Güter gegen ein Leben in Freiheit. Ich würde mir noch einmal alles erarbeiten, das würde sich schon finden, aber was wirklich zählte, war, dass mein Geist und meine Seele Luft zum Atmen brauchten. Und auch die Kinder, endlich konnten sie den Zwängen und der Macht entkommen, die ihr Leben von Anbeginn bestimmt hatten. Das größte Geschenk, das ich meinen Kindern jemals würde machen können, war, ihnen den Weg in die Freiheit zu schenken.

War mein Blick verklärt? Mein Denken zu idealistisch? Nein, heute weiß ich, dass die Entscheidung richtig war, dass aber auch die Freiheit Gefahren mit sich bringt. Es gibt immer die Gefahr, seine Seele zu verlieren, auch in einem freien Land. Aber dann hat man selbst den falschen Weg eingeschlagen, und keine äußere Macht ist dafür verantwortlich. Ich habe meinen Kindern die Möglichkeit gegeben, ihre Bestimmung selbst zu erkennen und danach zu leben. Ich habe ihnen ermöglicht, das zu sein, was sie sind. Und ich kann wirklich sagen, wie viel das bedeutet! Freiheit ist ein wahrhaft elementares Gut. Doch erst, wer auf dieses Gut verzichten muss, weiß, was es bedeutet.

Noch oft sollte ich mir die Frage stellen, wie es kam, dass wir so viel Glück hatten in einer Zeit, in der nur ganz wenige die Sowjetunion verlassen konnten. Viele Deutsche an anderen Orten der Sowjetunion wagten nicht einmal die Antragstellung. Andere wiederum versuchten es sogar mehrmals, bekamen jedoch immer wieder Absagen. Wieder andere zogen alle paar Jahre um, um es bei neuen Behörden zu versuchen. Auch russische Regimekritiker waren in den Siebzigerjahren unter Breschnew starken Repressionen ausgesetzt. Die Zeichen der Zeit standen eigentlich gar nicht günstig für uns. War es Zufall, dass es uns beim ersten Versuch und mit nur drei Monaten Wartezeit gelingen sollte, die Ausreisegenehmigung zu bekommen, obwohl unser nächster Verwandter in der Bundesrepublik nur ein Cousin meines Mannes war? Hatte das etwas zu bedeuten? Wollten die Behörden vielleicht ein Exempel statuieren und dem Westen zeigen, wie liberal die sowjetische Ausreisepolitik nun war? Wollte man unseren Fall dazu benutzen, die Ausreisestatistik zu glätten? Oder saß nur die richtige Beamtin zum richtigen Zeitpunkt an der richtigen Stelle? Über die Gründe könnte man lange spekulieren. Für mich ist der Grund jedoch so klar wie das Amen in der Kirche: Hier hatte Gott ein Wörtchen mitgeredet. Seine Gegenwart spüre ich fast physisch jeden Tag. Jetzt sollte ich herausgeführt werden aus der ewigen Kälte des Ural.

Die Tage unmittelbar vor unserer Abreise waren wie ein Fest. Ich weiß nicht mehr, ob wir mehr lachten oder weinten, ob es Freudentränen waren oder Tränen des Abschieds und der Trauer über einen Abschnitt im Leben, der nun unwiderruflich zu Ende ging.

Einige unserer deutschen Freunde kamen abends nach Einbruch der Dunkelheit und gaben uns Briefe, Botschaften und Adressen von Angehörigen in Deutschland, die wir übermitteln oder zu denen wir Kontakt aufnehmen sollten. Alle waren sehr vorsichtig bei ihren Besuchen, denn wir vermuteten, dass das Haus beobachtet wurde; auch fürchteten die Leute, die zu uns Kontakt hatten, Unannehmlichkeiten. Nur unsere engsten Verwandten, also meine Eltern und die Familie von Christians Schwester Maria, waren furchtlos an unserer Seite und halfen bei den Reisevorbereitungen. Unsere ganze Habe, Haus und Hof, alle Möbel, Vieh und Auto bekam unser Neffe. Denn mitnehmen konnten wir nichts, allenfalls etwas Bargeld tauschen und ausführen. Auch versuchten wir noch, Goldschmuck zu kaufen, der aber war schwer zu bekommen und die Ausfuhr von Gold ohnehin sehr begrenzt. So nahmen wir wieder einmal nur Sachen zum Umziehen für uns alle mit, ein paar Decken, Bettwäsche und Waschzeug. Unsere Pässe hüteten wir wie unsere Augäpfel. Wir beeilten uns, so schnell wie möglich abzureisen, so wenig Aufsehen wie möglich zu erregen, um unvorhergesehene Komplikationen zu vermeiden. Mit nur fünf Koffern verließen wir Karpinsk. Als wir zum Bahnhof aufbrachen, begleiteten uns meine Eltern, die Familie von Christians Schwester sowie eine deutsche Familie, die sehr eng mit uns befreundet war. Außerdem kam auch unser Freund Leo Troppmann, allerdings ohne seine Frau, die als Milizionärin Angst hatte, Schwierigkeiten zu bekommen. Auf dem Weg zum Bahnhof säumten Nachbarn und Bekannte unseren Weg. Manche verließen ihre Häuser, um einen letzten Blick auf uns zu werfen. So also sahen Faschisten aus, die die Sowjetunion verraten hatten und in das feindliche Lager zogen. Manch einer hatte mir vorgeworfen, dass ich als einzige Tochter meine alten Eltern im Stich ließ, andere hatten auch einfach nur Mitleid mit uns. Wieder andere wischten sich die Tränen ab, überzeugt davon, dass wir in unser Verderben liefen.

In der Tat stellten sich auch bei Christian manchmal Zweifel ein. Es tat ihm Leid um das, was wir geschaffen hatten und nun einfach zurückließen: das Haus, das wir selbst gebaut hatten, den Hof, unser Vieh, das Auto, für das wir lange hatten sparen müssen. Ich dagegen wollte nur nach vorne sehen, wollte mich nicht mehr umschauen. Hätte ich gezögert und es doch getan, ich wäre zur Salzsäule erstarrt wie Lots Frau in Sodom und Gomorrha. Raus wollte ich und weg aus dem Verderben. Was hinter mir lag, war schrecklich genug. Was vor mit lag, konnte nur zum Besseren führen. Natürlich war die Zukunft ungewiss, aber das war sie für mich nicht das erste Mal. Ich dachte an die Geschichte aus dem Alten Testament, wo Lot mit seiner Frau und den Töchtern aus Sodom geführt wird. Auch Lot tat es weh, seine Reichtümer zurückzulassen, doch er hatte Gottvertrauen, den größten Reichtum, den ein Mensch haben kann.

Am 20. September 1974 verließen wir den Ural für immer.

EPILOG

Am 19. Oktober 1974 landeten wir mit dem Flugzeug in Frankfurt am Main. Dieser Tag war für mich das, was der 9. Mai 1945 für andere war. Dies war meine ganz persönliche Befreiung. Ich hatte zwei Diktaturen überlebt – Krieg, Terror und Gewalt. Jetzt war ich endlich ein freier Mensch. Ich war beflügelt und schaute zuversichtlich in die Zukunft, besonders natürlich in die Zukunft der Kinder. Ich hatte mein Ziel erreicht. Endlich war ich in meinem Land, bei meinem Volk, bei meiner Kirche.

Heute bin ich achtzig Jahre alt und habe zwei Töchter, die erwachsene Frauen sind und keine Kommunisten wurden, was einmal meine größte Sorge war. Ich habe vier prächtige Enkelkinder, die mir sehr viel Freude bereiten und für die ich Gott danke. Ich bin glücklich, sie in einem freien Deutschland in Friedenszeiten heranwachsen zu sehen, und wünsche mir, dass sie auf der Hut bleiben und ihren Beitrag zum Erhalt des Friedens und der Freiheit leisten, damit uns nie wieder Terror und Gräueltaten widerfahren.

Ich erlebe nun einen ruhigen Lebensabend. Alle Tragödien sind durchlitten, alle Tränen sind geweint. Was bleibt, ist Gott zu danken für das Gute, das mir am Ende meines Lebens bleibt, und für die Kraft, die er mir geschenkt hat, alles Schwere zu ertragen. «Auf Adelers Fittichen» (so heißt es in einem bekannten Kirchenlied) hat er mich achtzig Jahre an Orte getragen, wie sie entfernter nicht sein können, und hat doch dafür gesorgt, dass meine Würde unversehrt geblieben ist. Der Glaube hat mir sehr geholfen, in dieser Zeit meinen menschlichen Kern zu bewahren, nicht dem Alkohol, der Verzweiflung und Unterwürfigkeit zu verfallen, wie es vielen meiner Landsleute passiert ist.

Einmal fragte mich eines meiner Enkelkinder: «Oma, als ihr in Russland gelebt habt, wart ihr da Russen?» Ich sagte: «Weißt du mein Kind, wenn ein Pferd in einem Kuhstall ein Junges bekommt, dann ist das Junge noch lange keine Kuh, sondern immer noch ein Pferd. So ging es auch uns in Russland. Wir sind dort geboren und sind doch Deutsche.» Mein Enkelkind nickte verständnisvoll, und ich wünsche mir, dass auch die Deutschen in unserer neuen Heimat so verständig wären.

Nach dem Fall der Mauer 1990 suchte ich mit meinem Schwiegersohn und der Enkelin Maria Charlotte die Gräber meiner Mutter und meiner Schwestern in Brandenburg auf. Ich war enttäuscht, dass die Gräber eingeebnet worden waren und nicht einmal eine Gedenktafel an die Opfer der Luftangriffe erinnert.

Auch Brandenburg hatte sich verändert. Orte sind wirklich vergänglich, wie so vieles, was uns im Leben widerfährt. Eines jedoch bleibt: die Erinnerung in unserem Geist, das Gedenken in unseren Herzen. Meine Erinnerungen gebe ich mit diesen Aufzeichnungen an alle die weiter, die offen sind für die Schicksale anderer, für Lebenswege, die so ganz anders verlaufen als der ihre.

Ruth Pfau

Das letzte Wort wird Liebe sein

Ein Leben gegen die Gleichgültigkeit

Band 5172

Spannend erzählt sie von ihrer Arbeit in einer islamischen Umgebung, von ihrem Kampf für die Frauen, von ihren Krisen und von ihren Träumen.

Martin Rupps

Helmut Schmidt

Mensch– Staatsmann – Moralist

Band 6020

Martin Rupps legt die weithin beachtete Biografie eines der auch heute noch beliebtesten Politiker der deutschen Nachkriegsgeschichte vor.

Fadi Saad

Der große Bruder von Neukölln

Ich war einer von ihnen – vom Gang-Mitglied zum Streetworker

Band 3000

Fadi Saad zeigt, wie es ihm gelungen ist, mit eisernem Willen dem Teufelskreis aus Hoffnungslosigkeit und Gewalt zu entkommen.

Peter Spiegel

Muhammad Yunus – Banker der Armen

Der Friedensnobelpreisträger. Sein Leben. Seine Vision. Seine Wirkung

Band 5880

Inzwischen haben mehr als 100 Millionen Menschen sogenannte Mikrokredite nach Yunus Modell erhalten und damit einen sehr realen Ausweg aus dem Teufelskreis der Armut gefunden.

Elie Wiesel

Die Nacht

Erinnerung und Zeugnis

Band 6014

Atemlos, bewusst karg im Stil, erzählt Elie Wiesel seine Erfahrung als Kind in Auschwitz. Jeder Satz ist ein Testament, jede Zeile spricht uns unmittelbar an.

Unterwegs

Markus Fix / Sarah Pendzich
Radnomaden
Mit dem Fahrrad nach China
Band 5609
Ein faszinierender Bericht über die Begegnung von Orient und Okzident, über Reiselust und Reisefrust – vor allem aber eine atemberaubende Entdeckungsreise. Ein Lesevergnügen ersten Ranges.

Michael Giefer
Zu Fuß ins Land des Dschingis Khan
Von Sibirien in die Mongolei
Band 5738
Michael Giefer erzählt vom Alltag der Mongolen, vom Alleinsein, von Gefahr, von Gastfreundschaft und von einem wunderschönen Land, in dem Freiheit sichtbar ist.

Michaela M. Özelsel
Pilgerfahrt nach Mekka
Meine Reise in eine geheimnisvolle Welt
Band 5542
Als deutsche Frau im Herzen des Islam. Ihr Bericht beschreibt auch eine Reise ins eigene Innere – jenseits der Grenzen religiöser Tradition.

Ingeborg Szöllösi
Ich tanzte, ich weinte, ich lachte – ich war in Indien
Band 5810
Hinter der Projektionsfläche widersprüchlicher Sehnsucht taucht eine wunderbare Wirklichkeit auf: Indien – ein Land, in dem das Leben akzeptiert wird, wie es fließt.

Sibylle Thelen
Istanbul – Stadt unter Strom
Gesichter der neuen Türkei
Band 3009
Die Türkei ist im Umbruch. Mitreißend portraitiert Sibylle Thelen Künstler und Kulturschaffende, erzählt vom Spagat zwischen Traditionalismus, Nationalismus und der Öffnung zur Moderne.